KB150719

수업은
기획이다

수업은 기획이다

(교과서와 교육과정, 최고의 수업을 만드는 행복한 수업 멘토링)

[행복한 교과서®] 시리즈 No. 33

지은이 ┃ 최무연
발행인 ┃ 홍종남

2017년 12월 9일 1판 1쇄 발행
2018년 7월 7일 1판 2쇄 발행(총 4,000부 발행)

이 책을 만든 사람들
책임 기획 ┃ 홍종남
북 디자인 ┃ 김효정
교정 교열 ┃ 주경숙
출판 마케팅 ┃ 김경아
제목 ┃ 구산책이름연구소

이 책을 함께 만든 사람들
종이 ┃ 제이피씨 정동수 · 정충엽
제작 및 인쇄 ┃ 천일문화사 유재상

펴낸곳 ┃ 행복한미래
출판등록 ┃ 2011년 4월 5일. 제 399-2011-000013호
주소 ┃ 경기도 남양주시 도농로 34, 부영e그린타운 301동 301호(다산동)
전화 ┃ 02-337-8958
팩스 ┃ 031-556-8951
홈페이지 ┃ www.bookeditor.co.kr
도서 문의(출판사 e-mail) ┃ ahasaram@hanmail.net
내용 문의(지은이 e-mail) ┃ twolions@naver.com
※ 이 책을 읽다가 궁금한 점이 있을 때는 지은이 e-mail을 이용해 주세요.

ⓒ 최무연, 2017
ISBN 979-11-86463-29-1
〈행복한미래〉 도서 번호 060

| 최무연 지음 |

수업은
기획이다

행복한미래

이제는 교사도 수업기획에
눈을 돌려야 한다

여러분, 혹시 '투덜이 스머프'를 아시나요?

여러 차례 고백했지만 투덜이 스머프는 신규 시절 저의 별명이었습니다. 신규 시절에는 모든 것이 못마땅했습니다. 학교가, 교육청이, 교육부가, 시스템이, 선배교사가, 관리자가, 수업이, 교과서가 모두 제 투덜댐의 대상이었습니다. 저는 이 모든 투덜댐을 '건전한 비판'이라고 생각했습니다. 모든 책임을 건전한 비판에 돌리면 그만이었습니다. 그렇게 저의 신규 시절은 지나갔습니다.

그런데 시간이 흘렀습니다. 신규교사일 때는 그저 투덜거리기만 하면 되었는데 이제 더 이상 비판만 할 수도 없게 되었습니다. 주위를 둘러보니 어느새 젊은 시절 비판했던 그 선배의 자리에 제가 서 있었고, 비판했던 그 수업을 똑같이 하고 있는 자신을 발견합니다. 젊은 날 던졌던 비판의 말들이 모두 부메랑이 되어 다시 돌아오고 있음을 느낀 그 순간부터 책임을 다른 곳에 전가할 수 없는 처지라는 것을 깨달았습니다.

저마다 지닌
상처 깊은 곳에
맑은 빛이 숨어 있다

첫 마음을 잃지 말자

그리고 성공하자
참혹하게 아름다운 우리

첫 마음으로

— 〈첫 마음〉, 박노해

제가 지금의 모습으로 변한 것처럼 학교의 모습도 많이 바뀌었습니다. 무엇보다 학생의 모습이 많이 바뀌었습니다. 학생은 더 이상 가만히 앉아 있지 않고 끊임없이 움직입니다. 콩나물 교실에서도 바른 자세로 앉아 공부하던 그런 학생은 더 이상 볼 수 없게 되었습니다. 학생이 달라지면서 수업도 달라지고 있습니다. 그동안 관행의 틀에 박혀 있던 수업에서 부족했던 것을 찾아내 새로운 수업을 만들어야 합니다. 저는 그 과정을 '수업기획'이라는 이름으로 풀어내려고 합니다.

다행히도 젊은 날의 투덜댐이 마냥 나쁜 것만은 아니었나 봅니다. 그때의 비판은 공허했지만 그래도 저에게는 지향점이 되어주었습니다. 그러한 비판이 있었기에 한 번이라도 더 수업을 돌아볼 수 있었습니다. 모로 가도 서울만 가면 그만이고, 무슨 일이 있어도 환자를 살린다는 의사의 마음으로 어떡하든 좋은 수업을 해보고자 노력할 수 있었습니다.

이제 젊은 날에 제가 했던 그 말들을 주워 담을 때가 되었습니다. 그동안 수업에 대하여 고민했던 것을 이 책에 담으려고 했습니다. 현실 문제를 피하지도 않았고, 수업의 지향점을 무시하지도 않았습니다. 그리고 첫 마음에 품었던 이상향을 지우지도 않았습니다. 수업이 이루어지는 주변에서부터 구체적인 모습까지 수업의 모든 것을 수업기획이라는 이름으로 담습니다. 수업의 첫 단추인 교육과정에서부터 수업을 만드는 과정까지 수업 체계화와 구조화에도 관심을 두었습니다. 무엇보다도 수업 전체를 아우르는 수업 안목에 대하여 말하고 싶었습니다. 이제 수업에도 기획이 필요한 때입니다.

최무연

차례

: 1부 :

수업기획, 그것이 궁금하다

: 4부 :

평범한 수업을 특별한 수업으로 만드는 교과서 수업 7단계 전략

1부.

수업기획,
그것이 궁금하다

01 우리는 수업하는 교사입니다

"우리는 수업하는 교사입니다."

이 간단한 한 문장에 마음이 찌르르한 이유는 무엇일까요? 교사가 아닌 사람에게 이 말은 그런가 보다 싶은 심상한 것이겠지만, 교사 스스로의 독백이라면 의미가 달라집니다.

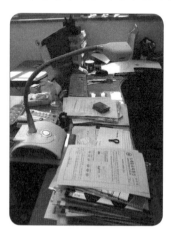

여기 사진 한 장이 있습니다. 3월 초 어느 날 복도를 지나가다가 찍은 사진입니다. 책상이 많이 너저분합니다. 안내장이 있고, 아이들에게서 뺏었음직한 카드도 보입니다. 아직 다 검사하지 못한 독서록도 보이네요. 선생님이 뭘 하고 있었는지 궁금해 조금 더 가까이 다가가 보았습니다.

방금 자리를 비운 듯 컴퓨터가 아직 켜져 있네요. 모니터에는 로그인되어 있지 않은 '업무포털' 사이트가 보입니다. 접속하려다 무슨 급한 일이라도 있었나 봅니다. 잠시 후 책상 주인인 선생님이 돌아왔습니다.

이 교실 주인은 창가 쪽 선생님입니다. 그런데 선생님 혼자가 아니군요. 선생님은 업무포털에 접속하려 나이스 담당 선생님에게 도움을 청하러 갔고, 친절한 담당 선생님이 와서 업무를 도와주고 있습니다.

사실 선생님은 이제 발령받은 지 5개월이 조금 지났고, 도와주는 선생님도 채 1년이 안 된 신규교사입니다. 누가 누구를 도와주는지 '도토리 키 재기' 같지만 두 선생님의 표정은 자못 진지합니다. 교사라면 지금 이들이 무슨 일을 하고 있는지 충분히 짐작할 수 있겠지요. 3월 어느 날부터 우리의 교실은 사무실이 되고 있습니다. 신규교사도 경력교사도 누구도 피해갈 수 없는 모습입니다. 누군가는 조금 노련하게 누군가는 조금 서툴게 지나갈 뿐입니다. 실물 화상기와 독서록만 없다면 이곳은 교실이 아니라 여느 사무실과 다를 바 없겠지요. 사진 속 선생님이 버릇처럼 늘 하는 말이 있습니다.

"그렇죠. 수업이 제일 중요하죠."

5학년 부장에 체육부장 업무까지 그야말로 열심인 우리 선생님이 자신의 말처럼 업무하는 공무원에서 연구하는 진짜 교사가 되기를, 업무가 아닌 수업으로 바쁜 날들이 빨리 오기를 바라봅니다.

당신의 수업은 안녕하십니까?

02

혹시 우리가 하는 수업에 값이 매겨지고 수업마다 가치가 다르다고 생각해본 적이 있을까요? 교사에게 수업 한 시간 한 시간은 모두 소중하고 값진 것입니다. 교사라면 어떤 수업은 귀하고, 어떤 수업은 값어치가 없다고 생각하지 않습니다. 적어도 그렇게 배웠을 것이고, 그렇게 믿고 있을지도 모릅니다. 실제로는 다르다는 것을 알면서도 말이지요.

인정하기 어려운 분도 있겠지만 수업이라고 다 같은 수업이 아니라는 것을 우리는 이미 알고 있습니다. 귀하고 중요한 수업과 그렇지 않은 수업이 엄연히 존재합니다. 심지어는 교사 스스로도 수업에 등급을 매기고, 값을 매깁니다. 모든 수업이 귀하고 값진 것이라는 것은 교사의 착각이거나 자신의 수업을 스스로 위로하려는 것은 아닐지 모르겠습니다.

주위를 둘러보면 많은 종류의 수업이 있습니다. 새로운 수업도 많이 쏟아져 나오고 있습니다. 이 많은 수업은 모두 다른 가치를 가지고 있습니다. 이 원고를 쓰고 있는 지금도 어떤 선생님의 하소연을 듣고 있는 중입니다. 전화기 너머로 들려오는 목소리가 조금 격앙돼 있네요. 공개수업을 하는데 교장 선생님이 모든 교사에게 하브루타 수업으로 수업하라고 했다는 내용입니다. 하브루타 수업을 해야만 수업다운 수업을 한 것이고 학생 중심 수업으로 본다고 합니다. 그래서 모든 선생님이 하브루타 수업으로 공개수업을 했답니다.

선생님의 격앙된 목소리를 들으며 수업에서의 빈부격차 또한 크다는 생각이 들었습니다. 이 학교에서는 하브루타 수업이 가장 가치 있는 수업일 것입니다. 모든 수업의 논의에서 하브루타 수업이 가장 앞에 나서겠지요. 수업은 수업일 뿐일 텐데 우리의 수업은 어느새 서로 다른 가치를 가지고 있습니다. 한때는 열린 교육이 가장 가치 있는 수업이 된 적이 있음을 우리는 기억하고 있습니다. 그 많던 열린 교육은 지금 다 어디로 갔는지 까마득한데도 우리는 우리의 수업을 또 다시 저울질하고 있습니다. 지금 이 수업이 마치 수업의 종착점인양 하나의 수업형식에 매달립니다.

더 큰 문제는 따로 있습니다. 수업의 가치를 매기는 것에서 그치지 않고 교사에게 특정 수업을 강요한다는 점입니다. 교사 스스로 판단하여 자신의 관점이나 철학이 담긴 수업을 하면 될 것을 문제는 학교나 교육청이 교사가 해야 할 일인 '수업에 대한 가치 부여'를 그들이 대신하고 이를 교사에게 강요한다는 것입니다. 때로는 학교 교육과정에 있는 학교 '역점 사업'이나 '중점 사업'에 따라 이리저리 끌려 다니기도 합니다. 만약 학교 역점 사업이 '독서토론'이라면 우리는 '독서토론' 관련 수업을 해야 합니다. 이렇게 등을 떠밀려 특정 수업을 하게 됩니다. 교사가 스스로 형식을 만들어 수업하는 것이 아니라, 특정한 형식에 수업을 맞추는 주객이 전도된 수업입니다.

수업에 등급을 매기고 억지로 특정 교육 방식을 강요당할 때 우리의 수업은 고통스럽습니다. 교사의 능력이나 관심사와는 상관없는 수업을 거듭하면서 교사에게 자괴감이 찾아들고, 수업의 내용은 사라지며 형식만 남게 될 것입니다. 교육과정을 자율적으로 편성할 수 없음은 물론 수업방법마저도 교사 마음대로 할 수 없다면 교사의 자존심은 어디에서 찾아야 할까요?

우리는 교사의 다양성을 존중하고, 교사 스스로 의미를 부여하여 가치 있는 수업을 찾을 수 있는 교육방법을 찾아야 합니다. 수업의 방법은 많지만 하나의 방법으로 모든 것을 해결할 수는 없습니다. 어떤 특정한 수업방법이 최고라고 믿는 순간 나머지 수업은 모두 배척당하는 꼴이 됩니다. 세상에 만병통치약이 없듯이 만병통치 수업 역시 없을 것입니다. 교사에게 최고의 수업은 자신의 가치관, 교과의 능력이나 환경 등을 고려하여 교사 스스로 선택한 수업입니다. 교사가 교사다워지려면 수업이 수업다워지는 수밖에 없습니다. 교사는 수업을 하는 사람이기 때문입니다.

03

수업기획으로 변화하고, 적응하고, 진화하라

"그때는 그래도 가르치기 좋았지."

한때 학급당 인원이 50~60명이 훌쩍 넘는 콩나물 교실에서 2부제 수업까지 한 적이 있었습니다. 학년당 20학급이 넘는 안양의 한 학교는 세계에서 가장 큰 초등학교로 기네스북에 오르기도 했었습니다. 전설처럼 전해지지만 실제로 그 시절을 보낸 선생님은 차라리 그때가 더 좋았다고 말합니다. 그 당시에는 교과 전담 교사도 따로 없었고, 담임 한 명이 월요일부터 토요일까지 전 과목 수업을 다했는데도 말입니다.

지금의 수업환경은 그때와는 비교도 할 수 없을 만큼 좋아졌습니다. 더 이상 2부제 수업이라는 말은 존재하지 않고, 학급당 학생 수도 30명이 넘지 않을 뿐더러 교과 전담 교사도 따로 있습니다. 그런데도 그 시절보다 지금이 더 수업하기 어렵다고 말합니다. 그때 그 시절의 교사가 지금 우리들의 모습을 보면 어떻게 생각할까요? 요즘 교사들이 더 무능해진 걸까요? 아마 그렇지는 않을 것입니다. 그러면 무엇이 문제일까요? 저는 이러한 현상이 일어나는 원인을 교사 개인의 문제가 아닌 수업을 둘러싼 주체들의 변화에서 찾아볼까 합니다.

첫 번째로 가장 먼저 감지할 수 있는 것은 아이들의 변화입니다.

언젠가 프로젝트 수업에 관한 연수 중 강의를 한 적이 있습니다. 말미에 한 선생님이 질문을 했습니다.

"선생님은 왜 프로젝트 수업을 하셨나요?"

저는 주저 없이 말했습니다.

"우리 아이들이 자리에 가만히 앉아 있지를 않습니다. 교실에서 수업하기가 정말 어려워지고 있어요. 수업에 집중하는 아이들이 거의 없는데, 앞으로 시간이 갈수록 이런 일이 더 심해질 것 같아서 대안을 찾아나선 결과입니다."

사실입니다. 이제 더 이상 콩나물 교실에서 바른 자세로 앉아 선생님 말씀에 귀를 기울이는 '착한 학생'은 존재하지 않습니다. 앞으로도 영원히 그런 시절은 오지 않을 것입니다. 아이들의 이러한 변화는 수업에 바로 나타납니다. 교사는 수업시간에 아이들을 가르치는 것보다 통제하기가 더 어렵다고 호소합니다. 아이들은 가만히 앉아 있지 않고 끊임없이 움직이며 수업에 집중하지 않습니다. 그뿐만이 아닙니다. 심지어는 교사의 고유 권한으로 생각했던 수업방법이나 내용에 대해 자기들의 의견을 들어달라고 적극적으로 요구하기도 합니다. 수업이 재미없으니 수업시간에 이런저런 것들을 해달라는 학생들의 요구는 이제 흔한 일입니다. 게다가 이런 요구들이 앞으로 더 늘어날 것이라는 것은 불 보듯 뻔한 일입니다. 인정할 수밖에 없습니다. 이제 전 시대처럼 아이들을 얌전히 앉혀 놓고 가르치는 일은 한계에 다다랐거나 어떤 부분에서는 이미 한계를 넘었다는 것을.

두 번째는 교사들의 변화입니다.

교사 역시 예전의 그 교사가 아닙니다. 더 이상 국가 교육을 위해 희생한다거나, 산업화의 역군을 길러낸다는 사명감에 젖어 있지 않으며, 군자삼락 君子三樂의 기쁨으로 가르치지도 않습니다. 각자 개인의 정체성을 추구하는 시대의 흐름에 따라 교사 역시 개인의 정체성을 더 중요하게 여기게 되었습니다. 시대나 사회의 요구보다는 개인적인 교육의 이상을 실현하고자 하는 욕구가 더 강하게 나타나고 있으며, 수업에서도 자신의 색깔을 나타내려고 합니다. 표준화되고 일률적인 수업보다는 개인의 성향에 맞는 개별화된 다양한 수업을 하려고 합니다. 이는 자신만의 정체성이 담긴 콘텐츠를 생산하는 것을 의미합니다. 수업이 하나의 콘텐츠가 되고, 이를 인터넷을 통해 서로 공유하면서 자신의 정체성을 드러내려고 합니다. 유명 교사는 블로그나 SNS를 운영하기도 하고 자신의 수업 사례를 책으로 출판하는 경우도 늘고 있습니다. 교사 개인의 정체성 증가는 교실 수업의 모습까지 바꾸어 놓기 시작했습니다.

세 번째는 교육과정의 변화입니다.

"학습목표를 어떤 용어로 써야 할까요?" 무슨 말인가 싶기도 하겠지만, 어느 정도 경력이 있다면 가슴이 답답해지는 교사들도 있을 것입니다. 한때 '학습목표' 논쟁이 있었기 때문입니다. '학습목표/학습문제, ~할 수 있다/~을 알아보자'를 놓고 어떻게 쓸지 격한 논쟁을 벌였습니다. 공개수업이라도 할라치면 교사는 어떤 용어를 써야 하는지 고민에 고민을 거듭했고, 공개수업이 끝나면 단골 지적사항이 되었습니다. '뭘 저런 걸 가지고 논쟁을 하나' 싶을 수도 있지만 당시 교사들에게는 무엇보다도 중요한 문제였습니다.

그때는 왜 관리자와 교사가 이런 '하찮은' 일로 논쟁을 벌였을까요? 저는 당시 교사들이 이런 '하찮은' 일에만 신경 쓸 수밖에 없는 구조였기 때문이라고 생각합니다. 지금까지 교육과정을 이야기할 때 교사는 당연히 교과서를 가르치는 사람으로 인식되어 왔습니다. 교과서를 충실하게 잘 가르치는 것이 바로 교육과정을 잘 운영하는 것이라는 믿음을 관리자나 교사에게 주었고, 교사는 차시별로 촘촘히 잘 짜인 교과서에 따라 수업해야 했습니다. 이렇게 모든 교사가 똑같은 내용을 똑같은 시간에 가르치다 보니 교육과정에 교사가 끼어들 틈이 없고, 교사별로 차별화가 이루어지지도 않았습니다. 분위기가 이렇다 보니 정작 교육과정에 대한 교사 개인의 해석이나, 이것이 어떻게 수업에 반영되었는가와 같은 것에 대해서는 말도 꺼내지 못하게 되었고, 글자 그대로 '하찮은' 일에만 신경 쓰게 되었던 것입니다.

그렇게 논쟁하며 지켜온 교과서 중심 수업에 조금씩 균열이 생기고 있습니다. 잘 살펴보면 '성취기준'이라는 말이 조용히 자리 잡고 있는 것을 알 수 있을 것입니다. 교육과정에 성취기준이 도입되고 학생의 역량을 길러주는 방향으로 바뀌게 되자 교육과정을 보는 교사의 관점도 바뀌게 되었습니다. 교사가 주체가 되어 주도적으로 교육과정을 해석하고 본인의 수업을 만들어가려고 합니다. 예전에는 '교육과정 재구성'이라는 말이 없었습니다. 그러나 어느새 교육과정 재구성이라는 말은 그것이 형식적이든 실질적이든 교사의 일상 언어가 되었습니다. 교육과정을 재구성한다는 것은 교과서 중심 수업과 대척점을 이루며 교육과정에 교사가 적극적으로 개입한다는 것을 의미합니다. 교육과정 재구성은 성취기준을 해석하고 그것을 자신의 수업으로 실천하는 '큰일'을 도모하는 것이지요. 이제 교사는 교육과정을 자신의 눈으로 해석하여 이것을 수업에 적용하고 있습니다.

네 번째는 교육공학의 발전에 따른 수업환경의 변화입니다.

전에는 준비되지 않은 수업의 대명사가 '맨손수업, 분필수업'이었습니다. 오로지 칠판과 분필만으로 수업을 하다가 특별한 수업이 있을 때만 최첨단 교구인 OHP를 자랑하던 시절도 있었습니다. 그렇게 칠판과 분필로 이어지던 수업환경이 교육공학의 발달로 많이 바뀌었습니다. 특히 인터넷의 보급은 우리가 전통적으로 생각하고 있던 수업방법에 커다란 변화를 가져왔습니다. 인터넷은 교실을 외부와 연결시켰고, 외부로 연결된 교실은 '거꾸로 교실' 같은 새로운 형태의 수업을 만들기도 합니다. 인터넷과 교육공학의 발전은 교과서 중심 수업의 대안을 제시하기도 하고, 교과서 수업의 단점을 보완하기도 합니다. 교사는 수업을 설계할 때 교육공학이라는 또 다른 옵션을 사용하여 다양한 수업을 설계할 수 있게 되었습니다.

다섯 번째는 교과서 권위의 추락입니다.

수업에서 교과서를 빼고 이야기할 수는 없을 것입니다. 여전히 교과서는 교사나 학생에게 중요하지만 그 권위가 예전만 못합니다. 시대의 흐름이 빨라지면서 교과서가 현실을 담지 못하게 되었습니다. 교사와 학생은 생생하면서도 다양한 자료를 원하지만 교과서는 그 답을 내놓지 못하고 있는 상태입니다. 교과서는 교육과정과 교육공학이라는 내부와 외부의 공격을 다 받고 있는 셈입니다. 교육과정은 교과서보다는 교사가 콘텐츠를 개발하는 방향으로 갈 길을 정했고, 교육공학의 발전으로 교과서를 대신할 새로운 대체재가 출현하면서 더 이상 절대적인 권위를 가질 수 없게 되었습니다. 교과서에만 의존하던 수업이 서서히 교과서 외의 다른 것으로 옮겨가고 있습니다. 교사는 교과서 대신 새로운 무엇인가를 발굴하고, 선택하고, 조직하고, 융합하여 새로운 무언가를 만들어야 하고, 이것을 기술적으로 연결시키는 중심에 서게 되었습니다.

04 수업에 기획을 더하다

　　수업을 둘러싼 변화는 교사 역할에도 변화를 가져오고 있습니다. 지금까지 교사는 주로 가르치는 역할을 했습니다. 그러나 시간이 지남에 따라 단순히 가르치는 것에서 벗어나 학생이 활동할 수 있도록 교실 상황을 만들거나, 스스로 탐구할 수 있도록 수업의 판을 짜는 역할이 더 크게 요구되고 있습니다. 지금까지 교과서라는 만들어진 것에 익숙했었다면 이제는 스스로 새로운 수업을 만드는 일에 익숙해져야 합니다.

　　교사의 역할 변화와 수업을 보는 관점이 달라지면서 수업을 계획하고 설계하는 용어도 시대에 따라 바뀌었습니다. 제가 처음 학교에 나왔을 때는 '수업 연구'나 '교재 연구', '교수-학습 계획'처럼 두루뭉술하게 불렸으나 요즘은 '수업디자인'이나 '수업설계'라는 용어를 사용합니다. 무심코 써 왔겠지만 각 용어는 그 시대 사람들이 가장 크게 요구하는 것을 반영합니다. '수업설계'는 '설계'라는 말에서 느껴지듯이 구조적이면서 공학적인 측면이 많이 강조됩니다. '수업디자인'의 '디자인'은 예술성이나 창의성을 강조합니다. 수업을 예술의 한 부분으로 보고, 수업도 비평을 하는 것과 궤를 같이 한다고 생각하기에 '수업디자인'이라는 이름을 붙였을 것입니다. 그렇다면 앞에서 말한 수업환경 변화를 모두 수용할 수 있는 이름에는 어떤 것이 있을까요? 저는 이 물음에 '기획'이 적절하지 않을까 생각해보았습니다.

사실 '기획'이라는 말은 그리 낯설지 않습니다. 운동회를 하면서 '운동회를 기획한다'라고 말하고, '수업은 기획이 중요해' 등 학교에서도 흔히 쓰는 말입니다. 그러나 '기획'이라는 말을 자주 쓰는데도 불구하고 사실 그 뜻이 뭔지 깊게 생각해보지는 않았습니다. 일상에서 우리는 어떤 말의 뜻을 제대로 생각해보지 않고 무심코 사용하곤 하지요. 다른 사람이 하는 말을 따라 하기도 하고, 그럴싸하다 싶으면 입버릇처럼 그냥 사용합니다. 저에게는 '기획'이라는 말이 그렇습니다. '수업기획'이라는 말은 종종 사용했지만 정확하게 무엇을 의미하는지 깊게 생각해보지는 않았습니다. 단지 사회적으로 통용되는 '기획'이라는 용어를 활용하여 수업에 기획적인 요소를 더한 것 정도로 짐작할 뿐이었지요.

'기획'이라는 말은 기업 경영이나 경제 혹은 행정 쪽에서 주로 쓰이는 용어입니다. 『행정학 사전』에 의하면 '기획은 어떤 대상에 대해 그 대상의 변화 목적을 확인하고, 그 목적을 성취하는 데 가장 적합한 행동을 설계하는 것을 의미한다'고 합니다. 또 이에 대해 '계획(plan)은 기획을 통해 산출된 결과를 의미하며, 막연하고 추상적인 목표를 명확하고 구체적인 목표로 다시 설정하여, 그 목표를 달성하기 위하여 가장 효율적이고 적용 가능한 방법으로 의도적으로 개발 선택하는 계속적인 지적 활동'이라고 정의하고 있습니다.

　사전적인 의미는 그렇지만 '기획'은 이제 모든 영역에서 자연스럽게 사용하는 말이 되었습니다. 학교도 예외가 아닙니다. 교사는 교육과정을 분석하고 해석하여 자신만의 수업을 스스로 만들고, 수업을 효율적으로 관리하면서 순간순간의 변화에 대처해야 합니다. 교육과정을 전체적으로 조망하여 단위수업을 설계하고, 학생도 효과적으로 다루어야 합니다. 수업도 전략적으로 구조화하여 세밀하게 계획해야 합니다. 수업은 단순한 수업이 아니라 통합적으로 관찰하고 종합적으로 사고하는 아주 복잡한 일이 되었습니다. 그래서 교사도 기업에 다니는 사람 못지않게 기획력을 필요로 하게 되었습니다.

05

교사여, 수업에 문제를 제기하라!

거꾸로 교실

'거꾸로 교실'은 강의와 과제를 뒤바꾸어 하는 수업을 말합니다. 수업시간에 할 강의는 동영상으로 제작하여 학생이 집에서 듣게 하고, 학교 수업시간에는 집에서 듣고 온 강의를 바탕으로 다양한 활동을 하는 방식입니다. 미국의 조나단 버그만과 아론 샘즈는 강의식 수업에서 느끼는 문제점을 인식했습니다. 교사의 일방적인 강의와 거기에 따라오지 못하는 학생, 그리고 교과에 대한 학생의 흥미 저하 등의 문제점을 인식하고, 이를 개선하기 위해 '수업을 거꾸로 한다'는 발상의 전환을 통해 새로운 수업방법을 개발했습니다.

거꾸로 교실은 여러모로 효율적으로 기획된 수업방법입니다. 아무리 발상이 좋다고 해도 이를 실현시켜 줄 수 있는 외부적인 환경이 받쳐

주지 않으면 어려울 수밖에 없는데, 거꾸로 교실은 인터넷과 동영상 편집 기술 등을 효율적으로 이용했습니다. 동영상을 시청할 수 있는 개인 미디어의 발달도 한몫했습니다. 이런 외부환경을 활용해 두 교사는 자신들의 생각을 독창적인 수업방법으로 개발할 수 있었습니다.

슬로리딩

슬로리딩은 책 한 권을 오랫동안 읽으면서 책과 관련된 다양한 활동을 하는 독서 수업방법입니다. 일본의 하시모토 다케시는 국어 시간에 나카 간스케가 쓴 『은수저』를 읽으며 책 한 구절이라도 그 의미를 생각해보는 수업을 하고자 했습니다. 책 속에 놀이가 나오면 놀이를 하고, 음식이 나오면 같이 먹어보기도 하며 체험하고 경험하는 방법을 수업에 적용했습니다. 그는 그의 책 『슬로리딩』에서 '죽어라 공부만 시키는 주입식 교육으로 얻은 지식은 금방 잊어버리기 마련'이라며, 부지런히 반복해서 읽고, 쓰고, 생각할 것을 강조했습니다.

슬로리딩은 우리나라에도 소개되어 많은 교사가 활용하고 있으며, 책을 활용한 다른 수업에도 많은 영향을 주고 있습니다. 온작품 읽기 열풍이 시작되었고, 수업에 그림책을 활용하는 사례도 늘고 있습니다. 뿐만 아니라 개정 교육과정에서는 아예 수업시간에 온작품 읽기를 한다고 합니다. 이제 수업시간에 문학작품을 선정해 온전히 그 책을 다 읽는 시대가 온 것입니다. 우리나라에서 슬로리딩을 할 수 있는 것 역시 외부환

출처: 〈EBS 다큐프라임〉 슬로리딩, 생각을 키우는 힘

경이 성숙되었기 때문입니다. 아마 '학교 도서관 살리기 운동'을 기억할 것입니다. 그동안 학교 도서관 활성화 사업이 진행되어 왔습니다. '굳게 잠긴 문을 열고 학교 도서관을 아이들 품으로 돌려주자'로 시작된 이 운동은 학교 도서관에 사서교사를 배치하고, 학교 전체 예산 중 책 구입 예산을 일정 비율, 쿼터로 할당하여 의무적으로 구입하게 했고 이제 그 결실을 거두었습니다. 학교 도서관에 사람과 책이 들어오자 아이들이 찾아오고 도서관 활용 수업도 할 수 있게 되었습니다. 또 강제적인 도서 구입 예산 책정으로 한 학년, 혹은 한 반 학생 전체가 읽을 정도의 책을 구입할 수 있게 되었습니다.

위의 두 사례는 교사가 수업에 문제의식을 갖고 외부환경을 적절히 잘 활용하면 새로운 수업방법을 기획할 수 있다는 것을 보여줍니다. 특히 교사가 수업에서 느끼는 문제의식은 수업기획의 첫 출발점이라고 할 수 있습니다. 수업환경을 잘 알고, 수업에서 느끼는 어려움과 문제점을 제대로 알고 있는 사람은 그 누구보다 교사입니다. 따라서 그 해결방법을 가장 잘 알고 있는 사람도 역시 교사입니다.

한편으론 이런 생각을 해봅니다. 우리나라라면 어땠을까? 한국 교사도 강의식 수업의 어려움을 한 번쯤 느꼈을 것이고, 국어 수업을 해본 사람이라면 누구나 한 번쯤 교과서 지문에 대한 아쉬움을 느꼈을 것입니다. 한국은 인터넷 강국이고, 교사의 정보활용능력 또한 그 어느 나라 교사에 뒤지지 않는데 우리는 왜 거꾸로 교실 같은 수업이 나타나지 않았을까요? 만약 어떤 교사가 자신의 수업을 동영상으로 찍어서 집에서 보게 하고 수업시간에는 그것을 바탕으로 다른 활동을 하겠다고 결재를 올리면 과연 결재가 날 수 있었을까요? 어떤 교사가 교과서 지문이 문제라며 3년에 걸쳐 책 한 권으로 국어 수업을 하겠다고 하면 어떻게 될까요? 학부모의 반발은 고사하고 학교에서조차 환영받지 못할 게 뻔합니다.

그래서 새로운 수업을 기획하기 위해서는 외부환경 못지않게 내부환경도 중요하다는 생각이 듭니다. 그동안 우리는 수업을 개선하기 위한 내부적인 문화를 키우기보다는 보여주기식 사업에만 몰두했다는 생각을 지울 수 없습니다. 연구 시범학교, 수업 실기대회 등 수업을 개선한다는 명목으로 실시했던 많은 사업을 보면 교육당국이 수업 개선을 어떤 시선으로 보는지를 알 수 있습니다. 수업 개선 사업을 대외적으로 보여주고 이를 승진의 도구로 이용하여 교사를 길들이는 수단으로 사용하는데, 어떻게 새롭고 참신한 수업이 나올 수 있을까요? 그 많은 연구대회가 있었고 푸른 기장을 하늘에 날리던 때가 있었음에도 왜 항상 우리는 외국의 사례를 받아들여야 하는지 생각해보지 않을 수 없습니다.

수업 개선을 위한 교사의 문제의식이나 비판 정신을 좋은 수업으로 발전시키기는커녕 무시하거나 억누르기 바빴습니다. 이성우의 『교사가 교사에게』에 따르면 1989년 당시 불법이었던 전교조 활동을 탄압하면서 일선 학교에 '전교조 교사 식별법'이라는 공문을 보냈는데, 그 내용을 보면 교사의 문제의식이나 비판 정신을 얼마나 억눌렀는지 알 수 있습니다. 수업 개선 활동을 도와주지는 못할망정 이렇게 탄압하기에 바빴으니 참으로 안타까울 뿐입니다.

1989년 문교부가 일선 교육청에 보낸 공문 내용

출처: 《신동아》, 1989년 7월호

제목: 전교조 교사 식별법

촌지를 받지 않는 교사

학급문집이나 학급신문을 내는 교사

형편이 어려운 학생들과 상담을 많이 하는 교사

신문반, 민속반 등의 특활반을 이끄는 교사

지나치게 열심히 가르치려는 교사

반 학생들의 자율성, 창의성을 높이려고 하는 교사

탈춤, 민요, 노래, 연극을 가르치는 교사

생활한복을 입고 풍물패를 조직하는 교사

직원회의에서 원리 원칙을 따지며 발언하는 교사

아이들한테 인기 많은 교사

자기 자리 청소를 잘하는 교사

학부모 상담을 자주 하는 교사

사고 친 학생에 대한 정학 또는 퇴학의 징계를 반대하는 교사

한겨레신문이나 경향신문을 보는 교사

출처: 『교사가 교사에게』, 이성우

어쩌면 모든 콘텐츠는 반항이나 문제 제기에서 시작하는 것 같기도 합니다. 그 사회가 이렇게 제기된 문제를 어떻게 받아주고 다독여줄 수 있느냐는 내부문화에 따라 달라지겠지요. 내부문화가 성숙되었을 때 비로소 교사는 더 많은 문제 제기를 할 수 있을 것이고, 또 스스로 문제해결을 위해 노력할 것입니다. 수업의 문제점은 누구나 알 수 있지만 그 해결책은 수업을 가장 잘 아는 사람만이 찾아낼 수 있습니다. 그리고 그 해결책의 첫 출발은 바로 교사의 문제 제기와 비판 정신입니다.

수업의 원칙을 사수하라

06

"무슨 일이 있어도 환자를 살린다."

이 말은 SBS 드라마 〈낭만닥터 김사부〉에서 주인공 김사부가 의사로서 가지고 있는 원칙입니다. 드라마 속 주인공 김사부는 천재지만 괴짜 의사입니다. 까칠한 성격으로 제자를 혼내기 일쑤고, 병원 내 다른 의사들과도 자주 마찰을 일으키는 그야말로 병원 부적응 의사입니다. 그러나 김사부는 좋은 의사입니다. 김사부가 좋은 의사인 것은 인격이 고매하고 성격이 좋아서가 아니라 의사로서 좋은 원칙을 가지고 있고 이를 실천하기 위해 노력하기 때문입니다. 열악한 근무조건과 시도 때도 없이 몰려오는 응급환자에 녹초가 되지만 그것 때문에 자신의 원칙을 포기하지 않습니다. 제자들을 다그치고 다른 사람에게 깐깐하게 대하는 김사부의 행동은 제자들이 환자에게 꼭 필요한 의사, 무슨 일이 있어도 환자를 살리겠다는 원칙을 지키고 실천하는 의사가 되기를 바라는 마음에서 나오는 행동일 뿐입니다.

김사부는 원칙을 실천하기 위해 병원의 다른 원칙을 어기기도 합니다. 환자를 살린다는 원칙 앞에 병원이 정한 원칙은 중요하지 않았습니다. 이런 원칙은 지위가 높아도 예외일 수 없습니다. 김사부는 '상황과 상대방에 따라 변하는 원칙은 융통성이 아닌 궤변'이라고 말합니다. 김사부가 생각하는 의사의 자긍심은 원칙을 지키고 실천하는 일입니다. 낭만 닥터의 '낭만'은 바로 이 원칙을 지키는 자긍심의 또 다른 표현입니다.

수업을 하다 보면 이런저런 수업 방해꾼을 만나게 됩니다. 수업 중에 전화가 오기도 하고 급한 공문서도 처리해야 합니다. 한 번은 학교 메신저를 교체하면서 먹통이 된 적이 있었습니다. 아이러니하게도 교사들은 소통이 안 되는 불편함을 호소하는 게 아니라 오히려 업무나 각종 연락에서 벗어났다는 해방감을 느꼈다고 합니다. 단 하루였지만 우리가 얼마나 수업에 많은 방해 요소를 안고 있는지 알 수 있는 경험이었습니다.

'무엇보다 수업이 먼저'라는 원칙을 세운 적이 있습니다. 그러나 이러저러한 사정을 들어주다 보니 이 원칙이 흔들렸습니다. 좋은 게 좋은 것일 수 있고 급한 일을 뒤로 미루기도 어렵기 때문에 원칙은 뒤로 뒤로 밀리고 말았습니다. 어쩌면 그동안 융통성이라는 이름으로 했던 많은 일들이 김사부의 말처럼 '융통성이 아닌 궤변'이지는 않았을까 반성해 봅니다.

"어느 쪽입니까? 선생님은 좋은 의사입니까? 최고의 의사입니까?"
"지금 여기 누워 있는 환자한테 물어보면 어느 쪽 의사를 원한다고 할 거 같으냐? 필요한 의사, 그래서 나는 내가 아는 모든 걸 동원해서 이 환자한테 필요한 의사가 되려고 노력 중이다."

드라마에서 주인공 김사부와 제자 강동주가 나누는 대사입니다. 김사부가 자신의 원칙을 기준으로 생사의 경계에 있는 환자들을 살려왔기에 좋은 의사인 것처럼, 수업에 대한 원칙을 세우고 그것을 실천하는 교사 역시 좋은 교사일 것입니다.

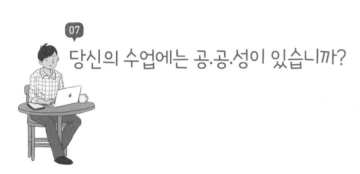

당신의 수업에는 공·공·성이 있습니까?

MIT에서 수학·전기공학·컴퓨터과학 전공

하버드 경영대학원에서 MBA 취득

실리콘밸리 엔지니어

보스턴 헤지펀드 분석가

누구 프로필일까요? 화려한 경력에 왠지 교육과는 무관할 것 같은 이 프로필의 주인공은 미국 비영리 교육재단 '칸 아카데미'의 설립자 살만 칸(Salman Kahn)입니다. 칸 아카데미는 '모든 곳의, 모든 이들을 위한 세계적 수준의 무상교육'을 모토로 설립된 교육재단입니다. 살만 칸은 자신의 책 『나는 공짜로 공부한다』에서 칸 아카데미를 설립하고 운영하게 된 계기를 이렇게 소개하고 있습니다.

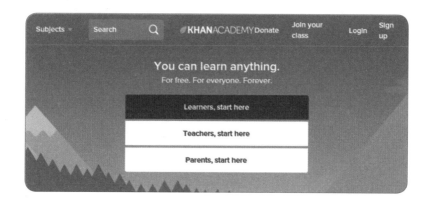

출처: 칸 아카데미 홈페이지

　인도와 방글라데시 출신 미국 이민자 집안에서 태어난 살만 칸은 어느 날 우연히 집안 행사에서 사촌 동생 나디아의 수학 고민을 듣게 됩니다. 나디아가 수학에 재능이 있기는 한데 수학 성적은 좋지 않아서 자신이 원하는 대학에 들어갈 수 없을 것 같다는 이야기였습니다. 단지 수학 한 과목 점수 때문에 자기 재능을 펼치지 못할지도 모른다는 생각에 나디아 부모는 살만 칸에게 수학 과외를 해달라고 부탁했습니다. 그러나 칸과 사촌 나디아는 뉴올리언스와 보스턴에 떨어져 있기 때문에 직접 만나서 과외를 할 수는 없었습니다. 할 수 없이 칸은 한 가지 즉흥적인 실험을 하게 됩니다. 바로 원격 과외를 하는 것이지요. 칸은 '야후 두들'이라는 프로그램을 이용해 서로의 글씨를 각자의 컴퓨터에서 볼 수 있도록 저렴한 펜 태블릿을 두 개 장만해서' 손으로 쓰고 전화로 이야기하면서 과외를 했습니다. 이렇게 시작한 과외는 처음에는 약간의 시행착오도 있었지만 결국 성공적이었고, 나디아는 수학 시험에서 높은 점수를 얻어 원하는 대학에 진학할 수 있었습니다.

나디아의 성공 소식은 다른 친척들에게도 퍼지게 되어, 그들도 칸에게 과외를 부탁했습니다. 자연스럽게 과외를 하는 아이들이 많아지자 칸에게는 고민이 생겼습니다. 그 많은 아이들을 계속 화상 전화로 가르칠 수도 없고, 무엇보다 칸 역시 직업을 가지고 있었기 때문에 시간을 내는 데 한계가 있었습니다. 이런 고민을 전해들은 칸의 친구는 '수업을 녹화해서 유튜브에 올리고 학생 각자가 편할 때 보도록 하면 어떻겠느냐'는 제안을 합니다. 칸은 이것을 계기로 자신의 강의를 유튜브에 올리기 시작했습니다.

칸이 올린 유튜브 동영상은 까만 칠판 모양 화면에 연필로 직접 써 나가는 단순하고 소박한 것이었습니다. 이렇게 올린 10분 이내의 짧은 동영상에 많은 사람들이 매료되었습니다. 친척뿐만 아니라 다른 많은 사람들까지 이 동영상을 보게 되었습니다. 결국 칸은 고민 끝에 고액 연

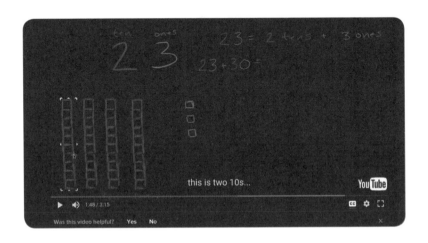

봉을 포기하고 퇴사하여 '칸 아카데미'를 설립했고, 본격적으로 공익 교육 사업에 눈을 돌리게 됩니다. 그가 이러한 선택을 할 수 있었던 것은 고액 연봉보다 훨씬 가치 있는 일을 만났다고 생각했기 때문일 것입니다.

칸의 이러한 노력을 알아본 빌 게이츠는 칸의 교육혁명을 극찬하며 650만 달러(약 74억)를 기꺼이 후원했으며 구글, 디즈니, 뱅크 오브 아메리카 등 여러 자선 사업가의 후원 역시 끊이지 않았습니다. 뿐만 아니라 칸의 꿈에 공감하는 많은 인재가 모여들고 있습니다. 이제 칸 아카데미는 수학뿐만 아니라 다른 많은 과목의 동영상 강의를 가지고 있고, 학생들은 자기 수준에 맞는 강의를 자유롭게 선택하여 무료로 들을 수 있습니다. 지금은 월 천만 명의 전 세계 학습자가 이 강의를 보고 있습니다. 살만 칸의 이러한 수업방법은 앞에서 말한 '거꾸로 교실'의 모델이 되기도 했습니다.

그렇다면 다음은 누구의 프로필일까요? 서울대학교 법대 졸업, 천재 중의 천재, 소년 급제, 청와대 민정수석 등을 지낸 분입니다. 이력만 놓고 보면 살만 칸만큼이나 화려하고, 나이도 비슷한데 누구는 왜 모든 것을 몰랐다고 부인만 하는 이상한 존재가 되었을까요? 이들은 자신이 하는 일이 지극히 공공성을 가지고 있음에도 불구하고 그 공공성을 의식하지 않고 출세의 한 면으로만 본 것은 아니었을까요?

살만 칸은 교육이 가지고 있는 공공성에 주목했습니다. 교육을 통하여 학생의 재능을 키울 수 있다고, 수업 동영상을 무료로 개방하면 교육 격차를 줄일 수 있을 것이라고 생각했습니다. 또 그동안의 강의식 수업에서 문제가 되었던 개별화 학습의 문제점을 분석하여 수준에 맞는 동영상을 선택하여 볼 수 있도록 과목별 학습 내용을 유목화하고 구조화 시켰습니다.

무수히 많은 우리나라 인터넷 강의와 칸 아카데미를 보며 수업의 공공성을 다시 한 번 생각해보게 됩니다. 수업을 기획하면서 수업에 담고 가꾸어야 할 것도 바로 이 공공성은 아닐까요?

부쩍 추워진 요즘,
사람들의 마음에 불 지르고 다니는
방화범들이 나타났다고 합니다.

화재 원인은 바로 이 엽서들!

마음에 불지른
영등포 소녀들

'버려진 고양이가 따뜻하게 겨울을 났으면 좋겠다.'

이런 착한 마음으로 엽서를 만든 학생들이 있습니다. 다양한 고양이가 그

려져 있는 엽서입니다. 눈과 이빨, 수염까지 아주 섬세하게 표현되어 있

는데 각기 다른 개성이 담겨 귀엽습니다. 이 엽서를 제작한 학생들은 길

고양이 급식소를 만들기 위해 직접 그림을 그린 엽서를 시장에서 팔아 화

제가 되었습니다. '일부러 멋 내지 않은 그림이라 더 예쁘다, 어린 학생들에게 감동받았다'는 사람들이 많았습니다.

이런 예쁜 마음을 갖고 있는 학생들이 누군지 수소문해서 스브스뉴스 팀이 직접 만나 봤습니다. 주인공은 최희우 학생을 포함한 6명으로 모두 중학교 일학년 학생이었습니다. 엽서 한 장에 5백 원씩 모두 120장을 팔아 6만 원 정도를 모았다고 합니다. 어떻게 이런 생각을 하게 됐는지 물었더니 청소년 센터에서 '버려진 동물 수업'을 듣던 어느 날 유기동물 보호센터에 가게 됐는데 버려진 동물을 직접 보니까 너무 안타까운 마음에 뭔가 도움을 주고 싶었다고 합니다. 그래서 친구들과 함께 고양이에게 집을 지어 주자고 결정했는데 당장 집을 만들 돈이 없었습니다. 이때 엽서에 고양이 그림을 그려 팔자는 아이디어가 나와 학생들은 버려진 고양이의 특징을 있는 그대로 살려 그림을 그리기 시작했습니다.

엽서를 산 사람에게는 실제 고양이 사진도 함께 보여줬습니다. 이렇게 엽서를 판 돈을 모아 친구들과 목공작업에 들어갔고 다음 주면 고양이 집이 완성돼서 학교에 가져다 놓을 예정입니다. 학생들은 혹시 반려동물을 키우고 싶은 분들이 있다면 유기동물에도 관심을 가져달라고 부탁했습니다. 학생들 덕분에 따뜻하게 겨울을 날 고양이들을 생각하니까 마음이 또 훈훈해집니다.

출처: 스브스뉴스 '길 고양이' 편

한 편의 좋은 프로젝트 수업을 보는 것 같은 느낌을 주는 이 이야기는 스브스뉴스에 소개된 이야기입니다. 학생이 했다고는 믿기지 않는 이 이야기는 당장 프로젝트 수업으로 사용해도 손색이 없을 것 같았습니다. 어린 학생들이지만 참 의미 있는 일을 했습니다.

아이들에게 의미 있는 일을 할 수 있도록 수업을 기획해보세요. 학생들에게 그 의미가 전달될 것입니다. 교육과정을 재구성하여 수업을 하더라도 수업에 기부나 배려, 나눔의 활동을 넣어보세요. 우리 학교 선생님 중 한 분은 음식 만들기 수업을 하면서 학부모를 초대해 음식을 판매하고 그 수익금을 어린이 후원 단체에 기부했습니다. 어떤 선생님은 텃밭에 감자 농사를 지어 그것을 선생님과 학부모에게 판매하고 수익금을 기부했다고 합니다.

교육과정을 재구성할 때 기승전 기부로 수업을 구성해보는 것도 좋습니다. 이렇게 수업하면 수업에 참가한 모든 사람이 뿌듯함을 느낄 수 있습니다. 학기 초가 되면 여러 봉사단체에서 '사랑의 저금통' 행사를 합니다. 일정 기간 동안 저금통에 동전을 저금하고 봉사단체에서 다시 걷어 가는 방법으로 운영됩니다. 이런 모금에는 감동이 없습니다. 메마른 기부가 되는 것이지요. 그러나 교육과정을 운영하고 그 결과물을 기부한다면 아이들에게 남는 의미가 남다를 것입니다.

수업에 기부나 배려 같은 의미를 더하면 수업에 기분 좋은 동력을 얻을 수 있습니다. 교사는 수업의도를 설명하기 쉽고, 학생들은 자신들의 행동에 명분과 의미를 담을 수 있습니다. 학부모를 설득하고 협조를 구하기도 쉽고, 교장 선생님의 결재도 쉽게 받을 수 있습니다. 학생들이 좋은 일을 한다는데 그 누가 반대하겠습니까?

어느 연수에서 한 선생님이 했던 질문이 아직도 기억에 남습니다. 선생님은 인성교육 시범학교를 운영하면서 느낀 어려움을 호소했습니다. 교육과정을 분석하여 모든 과목의 인성 관련 단원을 끌어와 수업을 했다고 합니다. 그런데도 그 수업이 인위적인 것 같고 수업도 뜻대로 되지 않았다고 했습니다. 인성교육을 위해 교육과정을 분석하는 것은 좋은 일입니다. 하지만 모든 과목에 매번 인성교육을 한다면 아이들은 어른들의 또 다른 잔소리로 받아들일 수 있습니다. 인성적인 요소만 뽑아 모아 놓으면, 그저 같은 말을 쭉 늘어놓은 교육과정에 불과합니다. 인성 요소를 향해 달려가는 과정이 없기 때문입니다. 수업 중간중간에 인성을 키우는 과정을 넣어야 합니다. 수업의 기승전은 인성을 향해 달려가는 활동을 넣고, 마지막 결에 기부 활동을 넣어보세요. 아이들의 인성도 배가될 것입니다.

교육과정을 이해하는 완벽한 방법,
교육과정 문해력이 이제 시작됩니다.

2부.

교육과정 문해력,
수업을 기획하다

01 교육과정과 수업은 만나야 아름답다

　　교육과정과 수업은 둘이 아닙니다. 그동안 우리는 이들을 너무 오랫동안 헤어져 지내게 했습니다. 2월과 3월에 차가운 컴퓨터에서 잠깐 만나고는 다시 긴 이별의 시간을 갖게 만들었습니다. 사실 꽤 오랫동안 우리는 교육과정과 수업을 별개의 것으로 생각했고, 교육과정 '작성 따로, 수업 따로' 하는 관행이 있었습니다. 교사에게는 교과서가 있었으며, 교과서는 차시별로 가르칠 내용이 잘 정리되어 있어 교육과정을 특별히 다시 구성하거나 살펴보지 않아도 수업을 진행하는 데 그다지 문제가 되지 않았습니다.

교육과정 ➡ 교과서 ➡ 교사 ➡ 학생

교육과정, 교과서, 교사, 학생으로 이어지는 관계에서 교사는 교과서에서 제시하는 내용을 잘 가르치기만 하면 되었습니다. 교사의 역할은 교과서 내용을 학생에게 전달하는 전달자였습니다. 교사의 관심은 교육과정 내용 구상보다 교과서 내용을 잘 전달하는 수업방법이나 기술에 있었습니다. 따라서 교사는 각종 연수를 통해 수업방법이나 수업기술을 익혀야만 했습니다. 교육과정에 교사가 낄 자리는 없었습니다. 교사는 교과서 차시를 잘 관리하고 내용을 충실하게 전달하면 그만이었죠. 교육과정에서 교사의 경험이나 철학을 반영하지 못한 채 그저 교육과정은 꼼꼼한 빈칸 채우기나 숫자 맞추기로 인식되어 왔습니다. 한동안 이러한 교육과정 운영은 계속 유지되어 왔습니다.

그러나 이제 이러한 흐름에 조금씩 균열이 생기기 시작했습니다. 교과서를 거치지 않고 교육과정을 교사가 직접 해석하여 학생에게 바로 가르치는 현상이 일어나고 있는 것입니다. 교육과정 이해를 기반으로 하는 수업방식이 나타나기 시작했습니다. 우리가 잘 알고 있는 교육과정 재구성이라든가 주제 중심 통합 수업이나 프로젝트 수업 등은 교육과정을 기반으로 하는 수업방식입니다.

교육과정을 교사가 직접 활용하기 시작하면서 교사의 교육과정 사용 능력 또한 차츰 더 많이 요구되고 있습니다. 교과서를 알아야 했던 시대에서 교육과정을 알아야 하는 시대로 바뀌고 있으며, 지금은 그 과도기라고 할 수 있습니다. 완전하게 교육과정을 그대로 사용한다고도, 그렇다고 교육과정을 아주 무시한다고도 할 수 없습니다. 여전히 교과서 중심 수업은 유효합니다. 그러나 확실한 것은 교육과정 사용 능력을 더 요구하는 쪽으로 나아가고 있다는 사실입니다. 수업기획도 이러한 교육과정 직접 사용 시대를 위한 것이라고 할 수 있습니다.

교사가 알아야 할 교육과정의 모든 것

'교육과정을 꿰뚫어 보고 싶다.'

교사라면 누구나 한 번쯤 이런 생각을 해보았을 것입니다. 수업이 잘 안 풀린다거나 일상의 수업이 힘들게 느껴질 때면 이런 생각이 더욱 간절할 테지요. 그러나 정작 교사에게 교육과정은 어렵고 멀게만 느껴집니다. '일부러 교사가 못 알아보도록 어렵게 만든 건 아닌가?' 싶은 생각이 들 정도입니다. 많은 사람들이 교육과정 읽기를 시도하지만 대부분 포기하게 되지요. 교사의 마음속에는 늘 교육과정에 대하여 알아야 한다는 의무감과 알지 못한다는 부채감이 공존합니다. 그래서 여기서는 교육과정을 재구성하기 위해 꼭 알아야 할 중요한 내용을 뽑아 문답 형식으로 정리해보겠습니다.

Q 교육과정은 어디에 있을까요?

A 간단합니다. 국가교육과정 정보센터(ncic.go.kr)에 있습니다. 이곳에서 다운로드하면 쉽게 찾을 수 있습니다.

Q 교육과정 체계는 어떻게 되나요?

A 교육과정 체계표는 다음과 같습니다.

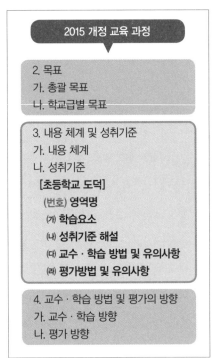

2015 개정 교육 과정

2. 목표
가. 총괄 목표
나. 학교급별 목표

3. 내용 체계 및 성취기준
가. 내용 체계
나. 성취기준
　[초등학교 도덕]
　(번호) 영역명
　　(가) 학습요소
　　(나) 성취기준 해설
　　(다) 교수 · 학습 방법 및 유의사항
　　(라) 평가방법 및 유의사항

4. 교수 · 학습 방법 및 평가의 방향
가. 교수 · 학습 방향
나. 평가 방향

참고 자료: 2015 개정 교육과정 체계표

Q 교육과정의 모든 것을 다 알아야 하나요?

A 아이고, 무슨 말씀입니까? 무슨 수로 이 모든 걸 다 알 수 있겠어

요? 교육과정을 보면 내용도 많고 글씨도 작아 읽기도 어렵습니다. 많은 내용 중에서 수업과 직접적인 관련이 있는 것만 알면 됩니다. 물론 모두 알면 좋기는 하겠지만요. 특히, 교육과정 앞부분에 나오는 총론 등은 교사를 위한 것이라기보다는 교육과정을 개발한 사람의 의견이나 원리입니다. 어찌 보면 교육과정 개발자의 정당성을 확인하기 위한 변명(?)이라고 해도 좋을 것입니다.

Q 그럼, 교사가 수업과 관련하여 꼭 알아야 하는 것은 무엇인가요?

A 수업과 관련하여 교사가 알아야 하는 것은 바로 '3. 내용 체계 및 성취기준'에 관한 내용입니다. 그중에서도 '성취기준'입니다. 성취기준은 교육과정의 핵심 중 핵심이라고 할 수 있습니다.

Q 요즘 성취기준, 성취기준 하는데 성취기준이란 무엇인가요?

A 교육과정에 나타난 성취기준의 정의는 다음과 같습니다.

- 교과를 통해 학생들이 배워야 할 지식과 기능, 수업 후 학생들이 할 수 있어야 할, 또는 할 수 있기를 기대하는 능력을 나타내는 결과 중심의 도달점, 교과의 내용(지식)을 적용하고 문제해결을 하는 수행 능력
- 학생들이 교과를 통해 배워야 할 내용과 이를 통해 수업 후 할 수 있거나 할 수 있기를 기대하는 능력을 결합하여 나타낸 수업 활동의 기준

출처: 2015 개정 교과 교육과정 고시 문서 중 '일러두기'

성취기준은 학생에게는 배워야 할 내용이고, 교사에게는 가르쳐야 할 내용으로 수업과 학습의 기준이 되는 것입니다. 이 성취기준을 중심으로 교육과정이 구성된다고 해도 과언이 아닙니다.

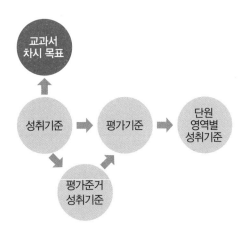

성취기준은 교과서를 만드는 기준, 또 평가의 기준이 됩니다. 우리가 교과서 수업을 한다고 했을 때 성취기준을 가지고 만든 교과서로 수업하는 것이기 때문에 엄밀하게 말하면 교육과정을 간접적으로 이용하는 것입니다. 일종의 도매상이나 소매상을 두고 수업하는 것이라고 할 수 있습니다. 그래서 교과서를 '교육과정 자료'라고 부르기도 하지요.

성취기준으로 교과서를 만들었기 때문에 성취기준은 교사용 지도서에서도 찾아볼 수 있습니다. 그러나 교사용 지도서에 수록된 성취기준은 해당 교과와 단원만 제시되어 있어 한눈에 살펴보기 어렵고, 다른 교과와 연계하여 사용하기도 불편합니다. 성취기준은 도달점 중심으로 기록되어 있기 때문에 독립적으로 존재하면 그 의미가 떨어집니다. 도달점에 도착하려면 과정이 있어야 하기 때문입니다. 그래서 성취기준은 서로 연결되었을 때 참다운 효과가 나타납니다. 같은 과목의 다른 성취기준, 혹은 다른 과목의 성취기준과 연결하여 각각의 성취기준이 징검다리 역할을 해서 최종 도착점에 도착할 수 있도록 해야 합니다.

예를 들어 다문화 관련 수업을 한다고 하면 '다문화 사회를 존중한다'는 성취기준을 마지막 도착 지점에 두고 그것을 달성하기 위한 여러 가지 활동에 해당하는 성취기준을 앞에 배치하여 최종 도착점에 도달할 수 있도록 해야 합니다. 간혹 다문화 교육을 하기 위해 각 교과에 흩어져 있는 다문화 관련 성취기준을 모두 모아서 재구성하는 경우를 종종 볼 수 있습니다. 이것은 100미터 달리기를 한다면서 모두 결승점에만 서 있는 것과 마찬가지입니다. 출발부터 시작해 달리는 과정을 서로 다른 성취기준으로 연결해야 도착 지점도 있기 마련입니다. 그래서 교육과정을 재구성하려면 다른 교과와의 연계나 교과 내 다른 성취기준과의 연결 작업이 우선입니다. 이 연결하는 작업이 교육과정 재구성 작업이고, 그 기준이 성취기준이기 때문에 교육과정 재구성을 할 때 '성취기준, 성취기준' 하는 것입니다.

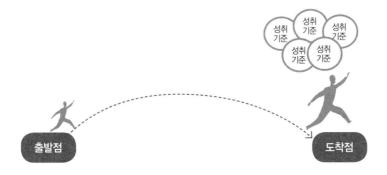

Q 성취기준란 앞에 있는 코드는 무엇을 의미하나요?

[6국01-05] 매체 자료를 활용하여 내용을 효과적으로 발표한다.

A 병원에서 질병 종류를 코드화하여 관리하듯이 교육과정 성취기준을 코드화하여 관리하고 있습니다. 맨 앞의 숫자(6)는 학년군으로 높은 학년의 숫자를 씁니다. 두 번째 문자(국)는 국어 교과입니다. 세 번째 두 자리 숫자(01)는 교과 영역의 순서를 말합니다. 국어의 경우 '01'은 듣기·말하기 영역입니다. 마지막 두 자리 숫자(05)는 다섯 번째 성취기준이라는 뜻입니다. 그럼 이것을 풀어서 쓰면 5-6학년군, 국어 교과 듣기·말하기 영역의 다섯 번째 성취기준이라는 뜻입니다. 만약 모든 교사가 성취기준 중심으로 수업을 하는 시대가 온다면 의사가 질병 코드를 외워 컴퓨터에 입력하여 처방하고 관리하듯이 교사도 성취기준을 코드별로 관리하게 되겠지요. 교사들끼리 '6국01-05' 하며 성취기준 코드를 부를 날이 올 수도 있을 것입니다. 물론 성취기준이 자주 바뀌지 않고 모든 교사가 성취기준에 따라 수업한다는 가정하에서 말입니다. 교육과정의 잦은 개정은 교사와 성취기준을 멀어지게 만듭니다. 교육과정의 연속성이 유지되어야 가능할 것 같습니다. 이전 교육과정을 부정하고 새로운 교육과정을 만든다는 생각에서 벗어나 말 그대로 '개정' 교육과정을 실천하면 코드별로 관리하는 시대가 오겠지요.

Q 성취기준으로 수업을 만든다고 하는데 수업을 구상하기가 쉽나요?

A 그렇지는 않습니다. 예를 들어 다음의 성취기준으로 수업을 만든 다고 생각해보겠습니다.

> [6국01-05] 매체 자료를 활용하여 내용을 효과적으로 발표한다.

어떤가요? 수업이 머릿속에 떠오르나요? 아마도 바로 떠오르지는 않을 것입니다. 연습이 매우 잘된 교사나 경험이 많은 교사가 아니라면 사실 성취기준을 바로 수업으로 연결하기란 쉽지 않습니다. 이론상으로는 성취기준을 분석하여 수업하는 것이 맞지만 실제로는 막막하기만 합니다. 수업의 모습이 머릿속에 바로 그려지지 않습니다. 그렇기 때문에 교사는 성취기준 이외에도 다른 여러 가지 자료를 참고해야 합니다. 그중 하나가 평가기준이 될 수도 있습니다.

Q 평가기준으로 수업을 기획한다고요?

A 네.

Q 정말 평가기준으로 수업을 기획할 수 있나요?

A 네, 가능합니다. 평가기준으로 수업을 구상하면 성취기준보다 오히려 더 쉽게 접근할 수 있습니다. 그 이유는 다음 장 '성취기준과 평가기준으로 수업을 만들다'에서 말씀드리겠습니다.

Q 그럼, 평가기준이란 무엇인가요?

A 평가기준은 교육과정 성취기준에 도달한 정도를 상/중/하로 정리한 것으로, 학생이 학습을 통해 성취해야 할 지식, 기능, 태도의 능력과 특성을 기술하는 것을 말합니다. 하나의 성취기준에 하나의 평가기준이 서로 매칭되어 있습니다.

교육과정 성취기준	평가기준	
[6국01–05] 매체 자료를 활용하여 내용을 효과적으로 발표한다.	상	말하기 상황, 목적, 내용에 적합한 매체 자료를 효과적으로 활용하여 듣는 이가 이해하기 쉽고 흥미를 가지도록 발표할 수 있다.
	중	말하기 내용에 적합한 매체 자료를 활용하여 듣는 이가 이해하기 쉽게 발표할 수 있다.
	하	말하기 내용과 관련된 매체 자료를 사용하여 발표할 수 있다.

참고 자료: 2015 개정 교육과정

Q 시간 배당 기준은 무엇인가요?

A 시간 배당은 학년별, 과목별로 배정된 수업 시수입니다. 1년에 수업을 몇 시간해야 하는지 수업 시수를 결정하는 것을 말합니다. 예전에는 배당 기준이 매우 엄격하여 주당 과목별로 시간 배당 기준을 정하여 과목당 일 주일에 가르쳐야 할 수업 시수가 정해져 있었습니다. 하지만 지금은 연간 수업 시수만 정해져 있어서 교사의 수업 운영이 비교적 자유로워졌습니다.

따라서 이제 수업시간 배당을 어떻게 할지는 교사의 재량에 맡겨졌습니다. 교사는 자기 교육과정에 맞게 자유롭게 수업시간을 배당하여 수업할 수 있게 되었습니다. 하루에 6시간 전체를 한 과목으로 배정해도 되고, 나누어서 배정해도 됩니다. 학년, 과목, 배정 시수만 맞추면 됩니다. 따라서 수업을 기획할 때 수업시간 배당도 어떻게 할지 결정해야 합니다.

구분		1~2학년	3~4학년	5~6학년
교 과 (군)	국어	국어 448	408	408
	사회/도덕		272	272
	수학	수학 256	272	272
	과학/실과		204	340
	체육	바른 생활 128	204	204
	예술(음악/미술)		272	272
	영어	슬기로운 생활 192 / 즐거운 생활 384	136	204
소계		1,408	1,768	1,972
창의적 체험활동		336 / 안전한 생활 64	204	204
학년군별 총 수업시간 수		1,744	1,972	2,176

참고 자료: 2015 개정 교육과정 시간 배당 기준

Q 학습요소는 무엇인가요?

A 학습요소는 가르쳐야 할 핵심 내용을 뽑아 키워드처럼 정리해 놓은 것입니다. 교사는 학습요소를 보고 가르쳐야 할 학습요소를 조금 더 명확하게 인식할 수 있습니다. 2009 개정 교육과정까지는 이것이 없어서 교사가 교육과정을 분석해서 뽑아냈었으나 이제는 교육과정에서 주어지기 때문에 수고를 덜 수 있게 되었습니다.

Q 그 외에 수업을 위해 교사가 알아두어야 할 것은 무엇인가요?

A 학습요소, 성취기준 해설, 교수 - 학습방법 및 유의사항, 평가방법 및 유의사항 등도 알아두면 좋습니다. 이들은 교사가 수업의 범위를 정하거나 내용을 구성할 때 가이드라인 역할을 합니다. 또한 교육과정 오독을 방지하는 역할을 합니다.

성취기준과 평가기준으로 수업을 만들다

앞에서 말한 것처럼 성취기준으로 수업을 만든다는 것은 쉬운 일이 아닙니다. 실제로 1급 정교사 연수에서 다음과 같이 성취기준을 제시하고 수업을 구상하도록 해본 적이 있습니다. 모둠별 실습으로 여러 사람이 공동으로 재구성했는데도 불구하고 많은 선생님들이 어려움을 호소했습니다. 선생님도 한 번 해보시겠습니까?

교육과정 성취기준
[4사03-01] 지도의 기본 요소에 대한 이해를 바탕으로 하여 우리 지역 지도에 나타난 지리 정보를 실제 생활에 활용한다.

참고 자료: 2015 개정 교육과정

위 성취기준만 본다면 수업이 선뜻 떠오르지 않습니다. 성취기준은 행동이나 활동 중심으로 도착점을 가정한 진술이기 때문에 내용이 구체적이지 않습니다. 해석의 여지가 넓고 과정이 생략되거나 축약되어 있어 구체적인 수업의 모습이 잘 드러나지 않습니다. 특히 그동안 교육과정을 해석하기보다는 해석된 교과서에 의존하여 수업해 왔다면 더욱 막막하게 느껴질 것입니다.

사실 성취기준으로 수업을 하려면 학년별 수업내용과 범위 등을 구체적으로 알고 있어야 합니다. 수학에서 기본이 되어야 응용문제를 풀 수 있는 것처럼 수업에 대한 경험이 축적되어야 성취기준으로 수업할 수도 있습니다. 따라서 성취기준으로 수업을 하려면 수업에 대한 안목과 경험, 그리고 실천력을 모두 갖추어야 합니다.

많은 교사들이 성취기준으로 수업하려고 하다가도 이 부분에서 포기하곤 합니다. 그런데 이때 모호한 성취기준을 보완해줄 자료가 있다면 좀 더 쉽게 수업을 기획할 수 있겠지요. 성취기준을 보완해줄 자료는 성취기준과 달리 조금 더 구체적인 자료가 좋을 것입니다. 그 자료는 교과서가 될 수도 있고, 평가기준이 될 수도 있습니다.

평가기준과 수업이 무슨 관계일까요? 우리 속담에 '누울 자리를 보고 발을 뻗으라'는 말이 있습니다. 평가기준으로 수업을 기획하는 일이 딱 이 속담과 어울립니다. 교사는 수업을 할 때 학생이 도달해야 할 지점을 먼저 생각합니다. 수업을 통해 드러나는 학생의 최종적인 결과를 알고 수업을 기획하는 것이 훨씬 더 쉽습니다. 평가기준은 학생의 최종 도착지점을 알려주는 이정표 같은 역할을 합니다.

예를 들어 성취기준이 '자동차를 만든다'라면 평가기준은 '네 바퀴가 돌아가고 핸들 조작이 가능한 자동차' 정도가 될 것입니다. 교사의 입장에서는 '자동차를 만든다'보다는 '네 바퀴가 돌아가고 핸들 조작이 가능한 자동차를 만든다'가 더 구체적으로 다가옵니다. 수업을 할 때 네 바퀴가 있고 핸들 조작이 가능한 자동차를 만드는 법을 가르치면 되겠지요. 따라서 평가기준을 본다는 것은 교사의 입장에서는 무엇을 가르치고 평가해야 하는지에 관한 보다 구체적인 정보를 제공받는다는 것을 의미합니다.

평가기준은 수업기획의 실마리를 풀어주는 역할을 합니다. 평가기준을 살펴보면 수업을 어떻게 기획할지 구체적인 아이디어를 얻을 수 있습니다. 그러므로 성취기준과 평가기준은 항상 같이 묶어서 보는 것이 좋습니다.

교육과정 성취기준	평가기준	
[4사03-01] 지도의 기본 요소에 대한 이해를 바탕으로 하여 우리 지역 지도에 나타난 지리 정보를 실제 생활에 활용한다.	상	지도의 기본 요소(방위표, 기호와 범례, 축적, 등고선)를 바탕으로 우리 지역 지도에 나타난 지리 정보를 실제 생활에 활용할 수 있는 방법을 제시할 수 있다.
	중	지도의 기본 요소(방위표, 기호와 범례, 축적, 등고선)를 바탕으로 우리 지역 지도에 나타난 지리 정보를 읽을 수 있다.
	하	지도의 기본 요소(방위표, 기호와 범례, 축적, 등고선)를 제시할 수 있다.

앞의 표는 위의 성취기준 '[4사03 - 01] 지도의 기본 요소에 대한 이해를 바탕으로 하여 우리 지역 지도에 나타난 지리 정보를 실제 생활에 활용한다'와 매칭된 평가기준입니다. 성취기준만 볼 때보다 평가기준과 같이 살펴보는 것이 훨씬 더 구체적이라는 것을 알 수 있습니다.

또한 평가기준으로 수업을 기획하면 구체적인 성취 수준(상/중/하)까지 알 수 있어 수행평가나 지필평가를 계획할 때 매우 유용합니다. 평가기준에 맞게 수업을 진행했기 때문에 수업과 평가가 따로 놀지 않고 일체화됩니다. 바로 요즘 많이 나오는 교육과정 수업 평가 일체화를 자연스럽게 완성하게 되는 것이지요.

교과서를 버려라? 교과서를 활용하라!

흔히들 '교과서를 버려라'라는 말을 많이 합니다. 특히 주제 통합 교육과정 재구성을 중점으로 하는 학교에서는 교과서에 알레르기 반응까지 보이기도 하지요. 과연 교과서를 버리는 것만이 능사일까요? 교과서를 버리면 무엇으로 수업을 할까요? 성취기준을 분석하고 교육과정을 재구성하여 수업하게 됩니다. 그런데 이 과정에서 가르쳐야 할 것을 안 가르치고 그냥 지나치는 경우가 종종 생깁니다. 여기 이런 성취기준이 있습니다.

[2국03-02] 자신의 생각을 문장으로 표현한다.

이 성취기준은 교육과정 재구성을 기본으로 하는 프로젝트 수업이나 주제 통합 수업에서 아주 사용하기 좋은 성취기준입니다. 교육과정을 재구성할 때 '학생 생각을 글로 표현하는 것'은 기본 중의 기본이니까요. 약방의 감초 같은 성취기준이라고 할 수 있습니다. 언제 어떤 자리에 놓아도 좋을 것 같은 성취기준입니다. 재구성하는 입장에서 이런 성취기준이 있다면 반가울 것입니다. 교과 내 다른 성취기준이나 다른 과목과 마음껏 연계할 수 있기 때문입니다. 흥분한 나머지 앞뒤 살펴보지 않고 이것을 사용하는 데만 급급하다 보면 놓치고 지나가는 것이 있습니다. 성취기준으로 수업할 때는 바로 이런 점에 주의해야 합니다. 성취기준과 더불어 수업을 만들 때 참고할 수 있는 것이 평가기준이라고 말했었습니다. 평가기준을 볼까요?

상	문장 부호나 꾸며주는 말을 사용하여 자신의 생각을 정확하고 구체적인 문장으로 표현할 수 있다.
중	문장 부호나 꾸며주는 말을 사용하여 자신의 생각을 문장으로 표현할 수 있다.
하	문장 부호를 사용하여 자신의 생각을 문장으로 표현할 수 있다.

평가기준을 보면 '문장 부호'라는 말이 나옵니다. 이 성취기준은 자신의 생각을 글로 표현하되, 문장 부호를 사용하여 완전한 문장을 만들어야 한다는 뜻합니다. 구체적으로는 문장 부호를 가르쳐야 한다는 뜻입니다. 교육과정 성취기준 해설을 보면 더욱 명확하게 드러납니다.

'한두 문장으로 짤막하게 자신의 생각이나 느낌을 표현하되, 마침표, 물음표, 느낌표 등의 문장 부호를 사용하여 자신의 생각을 문장으로 정확하게 구성하는 기본 능력을 기르도록 지도한다.' (성취기준 해설)

만약 교사가 평가기준이나 성취기준 해설을 보지 않고 그냥 지나치게 되면 '문장 부호'라는 꼭 가르쳐야 할 것을 가르치지 않고 그냥 지나치게 될 가능성이 높습니다. 교과서에 나와 있는데도 말입니다. 문장 부호는 1학년 때 처음으로 다루는데 그냥 지나치면 아마 6학년 졸업할 때까지 못 배운 채로 지나가게 될지도 모를 일입니다. 학습 결손이 생기기도 하고요. 요즘 교육과정 재구성을 많이 하면서 이런 현상이 자주 일어납니다. 가르치지 않고 실행하게 하는 경우입니다. 수업을 기획하고자 할 때 조금 더 세심하게 살펴야 하는 것이 바로 이런 점입니다. 교육과정 재구성을 하면서 성취기준을 사용하더라도 교사는 이것저것 살펴서 꼭 가르쳐야 하는 내용을 뽑아내야 합니다.

그럼 가르쳐야 할 부분이 나오면 교사는 어떻게 해야 할까요? 교육과정을 재구성하여 수업을 하면서 '문장 부호'에 관한 학습자료를 또 따로 만들어야 할까요?

아닙니다. 바로 지금이 교사가 "책, 펴!"를 외칠 바로 그때입니다. 교과서는 보통 1−2차시에는 개념 이해, 3−4차시에는 적용, 나머지는 이를 활용한 활동 중심으로 구성되어 있습니다. 교사는 1−2차시 개념 이해 부분을 교과서로 가르치고 나머지 내용은 교육과정을 재구성한 대로 수업하면 되겠지요. 이때 교사는 따로 수업자료를 만들지 않고 주어진 교과서를 사용하면 됩니다. 그래서 교과서가 필요합니다. 이것이 교과서 활용법이기도 합니다. 교과서를 가르치는 것이 아니라 교과서를 활용하는 것이지요. 이럴 때 교과서가 수업자료 역할을 하여 교사의 수고를 줄여줄 수 있습니다. 아이들은 오랜만에 교과서를 보기 때문에 흥미를 가지게 되고, 교사는 따로 시간을 들여 수업자료를 만들지 않아도 됩니다. 아무리 교육과정 재구성을 하고, 주제 통합 수업을 하더라도 교과서를 그냥 버리지 마세요. 교육과정 재구성의 보완재와 대체재로 활용할 수 있습니다.

교과서 수업 vs 성취기준 수업, 조율 한 번 해주세요

'한 지붕 두 가족, 불편한 동거, 지금은 혼란시대'

한마디로 이렇게 표현할 수 있지 않을까 싶습니다. 한쪽에서는 교과서를 버리라고 하고, 다른 한쪽에서는 잘 만든 교과서를 왜 버리느냐고 하면서 교과서에 관한 논쟁이 뜨겁습니다. 지금까지 두 세력의 판세는 '교과서를 버리라'는 쪽이 명분은 얻고 있지만 실제로 버리는 사람은 많지 않으니 실리는 얻지 못하는 형국입니다. 1승 1패 정도라고 할까요?

현재 교실에서는 교과서 중심 수업과 성취기준 중심의 교육과정 재구성 수업이 마구 혼재되어 있습니다. 이러한 현상은 수업 지도안에서도 쉽게 찾아볼 수 있습니다. 성취기준 중심으로 교육과정 재구성을 했다는 수업 지도안에서 교과서 중심 수업에서만 볼 수 있는 '단원'이나 '교과서 수업차시', '교과서 학습목표' 등의 단어를 쉽게 발견할 수 있습니다.

반면에 교과서 중심 수업 지도안에서 종종 '성취기준'을 발견하기도 합니다. 물론 교과서 중심 수업을 한다고 해서 성취기준을 쓰면 안 되는 것은 아니지만 대개 이런 경우는 지도안 양식에 성취기준 칸을 하나 만들어 놓고, 성취기준이 도입되었으니 찾아서 넣으라는 것이지요. 빈칸이 있으면 채워야 하는 게 교사의 숙명, 찾아서 넣으라고 하니 학습목표 밑에 성취기준을 찾아서 써야 합니다. 교과서는 이미 성취기준을 보고 학습목표를 만들어 놓았기 때문에 굳이 성취기준을 볼 필요가 없는데도 말입니다.

하지 않아도 되는 일을 하는 것이고, 이중으로 일하는 셈입니다. 단순히 지도안에 성취기준을 넣어 빈칸을 채웠다고 성취기준 중심의 수업이 될 수도 없고, 교과서 중심 수업이 모두 나쁘다고 할 수도 없는데 내용보다는 형식을 중요하다 보니 이런 현상이 벌어집니다. 새로운 것이 하나 생기면 예전에 하던 것은 없어져야 하는데 예전에 하던 일에 새로운 것을 하나 더 만드니 결국 있던 혹은 떼지 않고 하나 더 붙이는 꼴이 되고 말았습니다.

수업설계의 기준점이 바뀌면 수업설계 방법이나 수업을 보는 눈도 바뀌어야 하고 그것을 담는 지도안 같은 형식 또한 바뀌어야 합니다. 그런데 우리는 이 두 가지 모두가 바뀌지 않고 있습니다. 관성적으로 내려오던 교과서 중심 수업에 성취기준을 끼어 넣어 맞추기도 하고, 교육과정을 재구성하면서도 교과서 수업 지도안 형식을 그대로 가지고 오기도 합니다. 그러다 보니 이것도 저것도 아닌 어정쩡한 수업이 되고 있습니다.

교과서 수업이냐? 성취기준 중심의 교육과정 재구성이냐? 다음 표는 두 수업을 제 나름대로 경험에 비추어 비교해본 내용입니다.

	교과서 중심 수업	성취기준 중심 교육과정 재구성
수업내용의 구체성	구체적이다	구체적이지 않다
수업 구상	어렵다	더 어렵다
수업 중 학생 관리	더 어렵다	어렵다
수업에 교사의 생각 반영 정도	적다	많다
교사와의 거리(근접도)	멀다	가깝다
현실 반영도	낮다	높다
변화, 유동성	낮다	매우 높다
자율성	낮다	높다
수업내용	정해져 있다	정해져 있지 않다
준비도	적게 준비해도 된다	많이 준비해야 한다
콘텐츠 생산성	덜 쌓인다	많이 쌓인다
주요 수업방법	수업기술이나 교수법 중시	교사의 철학이나 경험 중시
수업 시작(접근성)	쉽게 접근	처음 시작하기 어렵다
비유 1	가공식품	신선식품
비유 2	프랜차이즈	창업
비고	사실 둘 다 어렵다	

교과서 중심 수업은 교과서라는 매우 구체적인 수업 도구가 있습니다. 교과서는 수업할 차례가 차시별로 나열되어 있고 수업내용이나 전개 과정까지 상세합니다. 그렇기에 교사의 생각을 반영한 내용을 구성하기보다는 이미 주어진 교과서 내용을 잘 전달할 수 있어야 합니다. 교사는 어떻게 하면 교과서에 있는 내용을 보다 더 현실감 있고, 재미있고, 효과적으로 가르칠 수 있을지 수업기술이나 방법에 대하여 알아야 합니다. 그렇기 때문에 각종 교사 연수에서는 교수법이나 수업기술, 방법 등을 다뤄 교사가 교과서를 잘 가르칠 수 있도록 하는 것입니다. 수업 실기 대회, 수업 연구 대회 등이 가능했던 것도 바로 교과서 중심 수업을 했기 때문입니다. 같은 내용을 누가 누가 잘 가르치느냐가 중요했던 시기였지요.

반면에 성취기준은 보통 하나의 문장으로만 제시됩니다. 구체적이지 않기 때문에 다양한 해석과 그에 따른 다양한 결과를 가져올 수 있습니다. 교사의 경험이나 철학에 따라 해석이 달라지기 때문에 매우 유동적입니다. 만약 성취기준으로 수업을 설계한다면 교사는 스스로 성취기준을 해석하고 그것에 맞는 주제를 선택하고 수업내용을 결정해야 합니다. 수업주제 설정에서 수업내용이나 방법까지 전부를 교사가 결정합니다. 이 모든 과정을 우리는 '교육과정 재구성'이라고 부릅니다. 그렇기 때문에 교육과정을 재구성하려면 반드시 성취기준을 참고해야 합니다.

교과서와 성취기준을 수업재료라는 면에서 보면 가공식품과 신선식품으로 비유할 수 있습니다. 교과서는 가공식품이고, 성취기준은 신선식품이 되는 것이지요. 가공식품은 그대로 즉석에서 요리해서 먹으면 되지만, 신선식품은 일일이 재료를 구입해서 음식을 만들어야 하는 불편함이 있습니다. 그러나 완성된 가공식품으로는 내가 하고 싶은 요리를 할 수 없지만, 신선식품으로는 내가 만들고 싶은 음식을 만들 수 있지요.

또 다른 면에서 보면 교육과정 재구성(성취기준 중심의 수업)은 교사의 초기 투자비용이 많이 듭니다. 초기에 교사가 준비해야 할 것도 많고 결과도 눈에 확 들어오지 않기 때문에 '하이 리스크'입니다. 반면에 교사의 이러한 경험이 반복되면 될수록 교사는 재구성한 콘텐츠와 운영 노하우가 생겨 자신만의 콘텐츠가 쌓이게 됩니다. 초기 투자비용이 높은 대신에 나중에는 자기만의 수업을 안정적으로 할 수 있게 됩니다. '하이 리턴'입니다.

교과서 수업은 반대입니다. 저는 둘 사이의 관계를 프랜차이즈 같은 가맹점으로 보고 있습니다. 프랜차이즈는 가맹점 본부에서 매장 인테리어와 음식 메뉴까지 모든 것을 제공하기 때문에 처음 시작하는 데 부담이 없습니다. 그러나 성장에 한계가 있지요. 같은 편의점이라도 구매 계층에 따라 공략해야 하는 것처럼 교과서도 학생에 따라 세밀하게 공략해야 합니다. 수업방법이나 기술이 더 많이 있어야 성공하고 웬만한 차별로는 성공하기도 힘듭니다. 또 프랜차이즈가 본사의 횡포에 이리 휘둘리고 저리 휘둘리듯 교과서 수업도 교과서가 바뀌거나 교육과정이 바뀌면 그때마다 다시 준비해야 하는 불편함이 있습니다. 타인의 콘텐츠에 의존하는 사람의 운명입니다.

그럼 이 혼란 시대를 헤쳐 나가야 하는 교사는 어떻게 해야 할까요?

먼저 '수업의 지향점이 어디를 향하고 있는가'에 대해 생각해봅시

다. 일단 명분은 성취기준 중심의 교육과정 재구성이 얻었습니다. 저도 그렇게 생각합니다. 교사의 수업 지향점이 성취기준을 해석하고 교육 과정을 재구성하는 쪽으로 간다는 것은 명확한 사실입니다. 따라서 현재 교과서 중심 수업을 하고 있더라도 성취기준을 살펴보며 수업을 크게 보려고 노력해야 합니다. 이러한 경험이 쌓이다 보면 안목이라는 것이 생기고 교육과정을 읽는 눈도 생기겠지요. 다른 하나는 '주어진 현실에 어떻게 대처할 것인가'입니다. 아무리 지향점이 좋고 훌륭하다고 해도 그것을 당장 실천할 수 있는 것은 아닙니다. 교과서와 교육과정 재구성 둘 사이에 명확히 다른 점이 존재하지만 그렇다고 둘을 서로 떼어 놓고 생각해서는 안 됩니다. 수업을 기획하기에 앞서 교사는 이러한 특성을 반영하여 잘 만들어진 가공식품은 그대로 이용하고, 자신이 만들 수 있는 음식은 신선식품으로 본인이 직접 조리해보아야 합니다. 이러한 경험을 바탕으로 새로운 콘텐츠를 만들어 나가야 할 것입니다.

교육과정 재구성과 교과서 수업을 선과 악으로 보는 이분법적인 관념 또한 문제입니다. 성취기준과 교과서는 서로 싸우고 세력을 다투는 존재가 아니라 서로 보완하기도 하고 대체하기도 하는 관계이기 때문입니다. 성취기준의 보완재가 교과서일 수 있고, 교과서의 보완재가 성취기준일 수 있습니다. '무조건 성취기준으로만, 무조건 교과서로만'을 외치며 어느 하나가 최고라는 생각으로 다른 하나를 배척하기보다는 서로를 보완하고 대체하는 것으로 받아들여 하나를 더 얻는 방법을 선택해야 합니다. 그것이 교과서와 성취기준 싸움에서 교사가 얻을 수 있는 최선의 방법입니다.

수업을 톡! Talk?

비교체험 극과 극:
교육과정 재구성
VS 교과서 수업

교과서 수업과 교육과정 재구성 수업은 어떻게 다를까요? 우연한 기회에 같은 내용을 교과서와 교육과정 재구성으로 수업하는 것을 볼 수 있었습니다. 하나는 직접 수업하는 모습을, 다른 하나는 수업을 짜는 과정을 보았습니다.

교과서 중심 수업

먼저 교과서 중심 수업입니다. 이 수업은 우리 학교 이환철 선생님의 수업입니다. 이환철 선생님은 아직 교직 경력이 채 2년이 되지 않았습니다. 교사용 지도서에 있는 수업의 대략적인 정보는 다음과 같습니다.

과목: 사회

학년: 3학년

단원: 3. 사람들이 모이는 곳

단원 지도 계획

단원	주제	주제별 주요 내용	차시	차시별 학습 활동
3. 사람들이 모이는 곳	단원 도입	단원 학습 내용의 개관	1	단원 학습 내용 예상하기
	① 우리 고장의 중심지	우리 고장의 중심지 를 견학하고 중심지 의 모습과 특징 알기	2	중심지의 뜻을 알고 우리 고장 의 중심지 찾기
			3-4	우리 고장의 중심지를 견학하 고 그 모습 발표하기
			5	여러 고장의 중심지들을 비교 하고 중심지의 특징 정리하기
	② 교통이 편리한 곳	우리 고장에서 버스 나 지하철 노선이 이 어 주는 곳을 지도로 그려 보고, 중심지의 위치 찾기	6	여러 사람이 모이기 편리한 곳 의 모습 예상하기
			7-8	버스나 지하철역 주변의 모습 을 살펴보고 우리 고장의 버스 나 지하철 노선 알아보기
			9	우리 고장의 버스나 지하철이 이어 주는 곳을 지도에 그려 보 고 중심지 찾기

　　실제 수업을 한 차시는 7-8차시로 '버스나 지하철역 주변의 모습
을 살펴보고 우리 고장의 버스나 지하철 노선을 알아보기'입니다. 그중

에서도 8차시 우리 고장 버스나 지하철 노선 알아보기를 주된 수업으로 했습니다. 동기유발로 당시 유행하던 애니메이션 영화 예고편을 보여주고 '이 영화를 보러 간다면 어떻게 가야 할지를 알아보자'는 말로 시작했습니다. 선생님은 자연스럽게 영화관에 갔었던 일을 아이들에게 물어보았습니다. 아이들은 각자 자신이 갔었던 영화관 이름을 말하고, 얼마나 자주 갔는지, 누구랑 갔는지, 어떻게 갔는지를 이야기합니다. 선생님이 "영화관에만 갔니?"라고 하니 한 아이가 피자집에 갔다고 했습니다. 이 말을 들은 아이들은 서로 경쟁하듯 자기가 간 곳을 말했습니다. 아이들은 참 이상한 데 경쟁심이 있는 것 같습니다. 영화 이야기가 나오자 누가 더 많이 영화를 봤는지 이야기하더니, 자기가 간 곳도 누가 더 많이 갔는지 자랑하기에 바쁩니다.

거기에 선생님은 영화관 주변의 유명한 패밀리 레스토랑 이야기를 하며 사진을 보여주자 아니나 다를까 아이들의 단골 멘트인 "나, 저기 알아!"가 여기저기서 터져 나와 아우성입니다. 아이들은 자기 자랑을 하는 와중에 자연스럽게 중심지가 어떤 곳인지, 무엇이 있는지를 알아가고 있었습니다.

그러면 이곳에 가기 위해 어떻게 해야 하는지를 확인했습니다. 선생님은 마을 지도를 준비하고, 그 위에 OHP 필름을 얹어 고정시킨 후 각자가 간 길을 찾아 표시하라고 했습니다. 물론 지도 사용이 어설픈 아이들을 위해 시범도 보여주었지요. 지도에서 자신들이 알고 있는 위치를 찾아 표시하고 영화관 위치도 확인하여 지도상에서 위치를 찾고 확인할 수 있는 기회를 주어 3학년 아이들의 눈높이에 맞게 지도상에서 위치를 확인할 수 있도록 했습니다.

영화를 보고 나서 하고 싶은 일을 물었더니 아이들은 또 방언이 터졌습니다. 선생님은 이를 자연스럽게 연결하여 중심지에서 하고 싶은 일을 할 수 있는 곳을 찾아 지도에 표시하라고 했습니다. 시간이 더 있었다면 영화를 보고 난 후 할 일을 계획하는 시간을 주어 '5차시, 여러 고장의 중심지들을 비교하고 중심지의 특징 정리하기'와 '6차시, 여러 사람이 모이기 편리한 곳의 모습 예상하기'도 자연스럽게 연계할 수 있었을 것입니다.

수업은 계속됩니다. 선생님은 영화관으로 가는 버스 노선도와 지하철 노선도를 주고 역시 지도 위에 OHP를 놓게 하고 각 노선을 지도에 표시하라고 했습니다. 마지막으로 OHP 필름을 걷어서 하나로 모았습니다. 투명한 OHP 필름 특성상 서로 겹쳐지자 동네의 모든 버스 노선을 다 알 수 있는 결과가 나왔습니다. 그리고 회심의 한판으로 포털 사이트의 '로드 뷰'를 통해 학교 앞을 지나가는 버스를 타고 빠르게 영화관까지 가상으로 한 번 가보았습니다. 자기 아파트를 지나거나 자기가 아는 곳을 지나갈 때면 또 경쟁적으로 "나, 저기 알아!"를 외쳤습니다.

버스 노선을 다 그리고 나자 선생님은 버스나 지하철을 이용할 때 뭐가 불편한지를 물어보았습니다. 아이들은 하나같이 버스가 너무 돌아간다고 대답합니다. 우리 학교는 택지개발 지구에 위치해 이제 막 아파트가 들어선 곳입니다. 그래서 노선버스가 많지 않고, 기존의 버스도 이리저리 돌아가 시간이 오래 걸립니다. 3학년이지만 노선버스의 불편함을 알고 있다는 것이 대견하게 느껴졌습니다. 그러자 선생님은 마지막으로

우리 지역에서 중심지까지 가기 위한 새로운 버스 노선을 개발해보라고
했습니다.

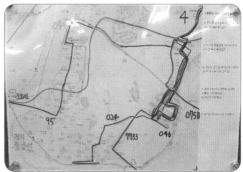

이 수업을 보면서 만약 진짜 내일 버스를 타고 영화를 보러 가고, 처
음에 말한 것처럼 맛있는 것을 사먹고 그랬으면 어땠을까? 체험 학습을
멀리 떠나는 것보다 그렇게 운영했으면 좋았겠다는 생각과 아쉬움이 들
었습니다. 만약 그랬더라면 아이들은 영화를 보러 간다는 생각에 흥분
하며 더 즐겁게 수업했을 텐데.

이 수업은 교과서 수업이라고 하기에는 교과서를 너무 보지 않았습
니다. 그렇지만 교사는 성취기준을 보고 수업을 재구성한 것이 아니라
교과서를 보고 했으니 엄밀하게 말하면 교과서 재구성 수업이라고 할
수 있습니다.

교육과정 재구성 수업

다음 수업은 경기도 고양교육지원청의 백워드 설계 교사 연수에서 나온 수업설계입니다. 이 연수에서는 성취기준을 제공하고 모둠원끼리 수업을 설계하는 방식으로 진행되었습니다. 물론 이 수업은 제한된 시간에 제한된 자료로 단지 설계만 해본 것입니다. 진짜 수업에 투입하려면 더 세밀한 설계가 필요하겠지요. 하지만 성취기준 중심으로 수업을 설계하는 모습을 보여주기에는 충분하다고 생각합니다. 성취기준으로 수업을 만들 때는 주제에 대해 심각하게 고민하기 마련이거든요. 그리고 이 고민이 끝나면 그다음부터는 수업이 비교적 술술 잘 풀립니다. 이 모둠에서 선택한 성취기준은 다음과 같습니다.

교육과정 성취기준		평가기준
[4사03-02] 고장 사람들의 생활과 밀접하게 관련이 있는 지역의 다양한 중심지(행정, 교통, 상업, 산업, 관광 등)를 조사하고, 각 중심지의 위치, 기능, 경관의 특성을 탐색한다.	상	고장 사람들의 생활과 밀접하게 관련이 있는 지역의 다양한 중심지(행정, 교통, 상업, 산업, 관광 등)를 조사하고, 각 중심지의 위치, 기능, 경관의 특성을 설명할 수 있다.
	중	고장 사람들의 생활과 밀접하게 관련이 있는 지역의 다양한 중심지(행정, 교통, 상업, 산업, 관광 등)를 조사하고, 각 중심지의 위치, 기능, 경관을 구별할 수 있다.
	하	고장 사람들의 생활과 밀접하게 관련이 있는 지역의 다양한 중심지(행정, 교통, 상업, 산업, 관광 등) 사례를 수집할 수 있다.

참고 자료: 2015 개정 교육과정

연수에 참가한 교사들은 어떤 주제로 할까 고민하다가 한 선생님이 의견을 냈습니다. 요즘 청년 실업이 심각한데 집에서 놀고 있는 삼촌에게 장사할 가게를 찾아주자는 것이었습니다. 이 의견을 좀 더 드라마틱하게 설정하여 사업에 실패해서 실의에 빠진 삼촌에게 장사할 수 있는 사업을 찾아주는 것으로 정했습니다.

프로젝트명: 삼촌에게 사업 찾아주기

1차시. 삼촌으로부터 온 편지 소개

2차시. 중심지를 어떻게 찾을지 서로 토의하고 핵심 질문 찾기

3차시. 수행과제 해결을 위한 논의

수행과제

목표: 고장의 중심지 찾기

역할: 삼촌에게 사업이 잘 될 장소 제시

상황: 사업에 실패한 삼촌에게 새로운 사업장(중심지) 위치를 소개해주어야 함

결과물: 삼촌에게 가장 적합한 중심지 소개(사진, 고통수단, 설문조사, 근거 제시)

기준: 소개할 사업장 위치에 고장의 중심지가 갖는 특징이 드러나야 함

4차시. 교통지도, 버스, 지하철 노선도 확인. 관련 시설 위치, 중심지 알아보기

5차시. 학생 간 서로 협의 논의

6차시. 삼촌에게 제안서 작성하기

어떻습니까? 두 수업의 차이점이 느껴지나요? 교과서 중심 수업은 한 차시 한 차시를 꼼꼼하게 계획하여, 교과서 내용을 잘 전달하는 방법을 찾는 노력을 많이 했습니다. 교육과정 재구성 수업은 성취기준을 통째로 수업으로 구성하기 위해 전체를 아우르는 주제 찾기에 주력했습니다. 같은 내용이라도 교과를 대하는 방식이 다르면 수업도 많이 달라진다는 것을 알 수 있는 비교체험 극과 극이었습니다.

교과서와 교육과정 재구성의
행복한 동행이 시작됩니다.

3부.

교육과정 재구성,
좋은 재료가
위대한 수업을 만든다

01

[수업재료 0] 좋은 수업재료를 찾아라

"수업은 목표가 좋거나 나빠서가 아니라 소재가 좋으냐 나쁘냐에 따라 결정된다."

아리타 가츠마사의 『교사는 어떻게 단련되는가』에 나오는 말입니다. 저는 이 말이 참 신선하게 다가왔습니다. 가만히 생각해보니 수업소재가 좋으면 수업이 잘되는 경험을 많이 했던 것 같았습니다. 수업소재에 따라 아이들의 수업 참여도가 확 달라지는 것을 느낄 수 있었습니다. 특히 재미있는 소재를 가지고 수업한 다음날이면 어김없이 "선생님, 오늘은 어떤 수업할 거예요?"라고 물어옵니다. 아이들의 이런 반응은 수업이 굉장히 재미있지 않으면 나오기 힘들지요.

수업소재에 관심을 갖게 되자 수업에 대한 생각도 조금 바뀌게 되었습니다. 사실 새로운 수업방법이나 기술을 익혀 수업을 잘해보려고 했지, 수업소재나 주제 같은 수업의 주재료에 대해서는 그다지 관심이 없

었습니다. 요즘 방송에 음식 관련 프로그램이 많이 나옵니다. 서로 음식 맛을 자랑하면서도 빠지지 않는 것이 바로 음식 재료 자랑입니다. 저마다 최고의 식재료를 사용하여 재료의 고유한 맛을 살린다고 자랑합니다. 음식 맛은 요리사의 음식 솜씨에 좌우되지만 원재료 또한 중요합니다. 음식 맛이 좋으려면 음식 재료가 좋아야 하듯 좋은 수업은 좋은 수업재료에서 나오는 것이 당연한 이치인데 미처 생각하지 못했던 것입니다. 이 수업재료를 잘 도입하고 적절히 배치하여 수업을 만드는 과정이 수업기획이겠지요. 그런 의미에서 좋은 수업재료를 고르는 일은 수업을 만드는 기본 틀이라고도 할 수 있겠습니다.

수업재료에는 어떤 것이 있을까요? 아직까지 수업재료에 대한 깊은 논의가 이루어지지는 않았지만 다음과 같은 것들을 수업재료라고 봐도 되지 않을까요?

첫째, 수업소재

둘째, 교육과정 재구성을 위한 수업주제

셋째, 학습 결과물

넷째, 수업소재와 주제에 현장감을 더해주는 수업설정

최근 삶과 배움을 일치시키기 위한 노력이 많아졌습니다. 수업의 재료를 삶 속에서 찾아 수업하는 일이 잦아지고 있습니다. 이런 현상은 수업재료를 찾는 교사의 역할이 매우 중요하다는 것을 의미합니다. 하지만 일상에서 수업재료를 찾는다는 게 그리 쉬운 일이 아닙니다. 단순히 그렇게 하겠다는 생각과 관심만으로는 찾아지지 않습니다.

좋은 수업재료를 얻기 위해서는 가르칠 내용을 잘 알고 있어야 합니다. 교사가 교육과정을 꿰고 있어야 수업에 활용할지 말지를 결정할 수 있으니 말입니다. 또 좋은 수업재료를 볼 수 있는 안목도 있어야 합니다. 교육과정을 꿰고 있다고 하더라도 그것을 어떻게 활용할지에 대한 안목이 없으면 좋은 수업재료를 눈앞에서 보고도 그냥 지나칠 수밖에 없을 것입니다. 수업방법이나 기술뿐만 아니라 수업재료에도 신경을 써보세요. 신기하게도 수업재료가 눈에 들어올 것입니다.

02

[수업재료 1] 수업소재의 재발견

"내일 수업 뭐하지?"

매일 수업을 하는 교사에게는 수업 한 시간 한 시간이 걱정이 아닐수 없습니다. 뭔가 특별한 수업을 하고 싶지만, 매일매일 특별하게 할 수는 없는 일입니다. 특히 매일 다른 수업기술로 특별한 수업을 하기란 정말 어렵습니다. 수업기술이나 방법이라는 것이 그리 많지도 않을 뿐더러 또 단기간에 쉽게 습득되는 것도 아니기 때문이지요. 그러나 수업소재는 다릅니다. 수업소재는 교사의 아이디어만 더하면 얼마든지 새롭고특별해질 수 있습니다. 좋은 수업소재는 교과서가 가지지 못한 것을 많이 보완해줍니다. 동기유발이 필요 없을 만큼 수업을 재미있게 해주고, 교과서에는 없는 현장성과 리얼리티를 보완해주기도 합니다. 또 스토리텔링으로 이어져 수업에 의미까지 더해줍니다. '맛있는 반찬 하나면 밥한 그릇 뚝딱'이듯이 '좋은 소재 하나면 한 시간 수업이 뚝딱!'입니다.

"소재가 좋으면 좋다는 걸 누가 모르나요? 알아도 구하기가 쉽지 않으니 문제지요."

맞는 말입니다. 당장 오늘 수업하는데 갑자기 학습목표에 딱 맞는 수업소재가 떠오를 리 만무합니다. 보통은 학습목표를 보고 '오늘 수업 뭘 할까?'를 고민하지만 학습목표를 보면서 적당한 수업소재를 찾는다면 이미 늦었습니다. 교사의 아이디어에도 한계가 있기 때문에 학습목표를 보고 바로 수업소재가 떠오르지는 않기 때문입니다. 그래서 수업소재는 꾸준히 모아야 합니다. 요리사가 좋은 식재료를 찾아 이리저리 찾아다니듯 교사도 평소에 좋은 수업소재를 찾아다녀야 합니다. 평상시 꾸준한 관심을 갖고 살펴보세요. 언어를 수집하여 작품을 쓰는 작가처럼 교사도 소재를 수집하는 사람이 되어야 합니다.

'교사는 살아 있는 교육과정'이라는 말이 있습니다. 교사의 생활이나 관심사가 모두 수업에 투영된다는 말이겠지요. 교사의 교육관뿐만 아니라 인생관이나 취미, 하다못해 즐겨보는 텔레비전 프로그램까지 모두 수업으로 연결할 수 있으니 허튼소리는 아닐 겁니다. 수업소재를 구하기 위해서 먼저 교사 자신을 둘러보기 바랍니다. 멀리서 소재를 찾기보다는 가까운 곳에서부터 점차 그 범위를 확대해야 합니다. 아침 신문에서 얻을 수도 있고, 어제 본 영화에서도 찾을 수 있습니다. 교육과정 내용만 알고 있다면 소재는 언제 어디서나 불쑥불쑥 떠오릅니다. 자신의 생활이나 경험이 수업으로 연결된다면 교사로서의 삶의 의미도 발견하게 될 것입니다.

사실 수업소재는 관심에서 비롯됩니다. 저는 야구를 좋아합니다. 평소에 야구 중계도 즐겨보고 야구 관련 뉴스도 잘 챙겨 봅니다. 어느 날 출근하는 길에 우연히 라디오 뉴스에서 '재키 로빈슨 데이'에 관한 이야기를 들었습니다. 미국에 '재키 로빈슨 데이'라는 것이 있는데 오늘(현지 날짜 4월 15일)이 바로 그날이라는 것입니다. 재키 로빈슨 데이는 미국 메이저리그 최초의 흑인 선수 재키 로빈슨(Jackie Robinson)이 메이저리그에 데뷔한 것을 기념하는 날이라고 합니다.

짧막한 뉴스였지만 듣는 순간 좋은 수업소재가 될 것 같은 생각이 들어 얼른 휴대폰에 메모했습니다. 교사의 감과 촉으로 봤을 때 틀림없이 수업에 활용할 수 있을 것 같았습니다. 다문화 교육이나 인종차별, 인권 등 그 활용 범위도 넓을 것 같았습니다. 이렇게 급하게 한 메모는 여유가 있을 때 더 많은 자료를 조사해야 합니다. 이 메모만으로는 부실하기 때문입니다. 학교에 출근하자마자 관련 기사에 대해 조금 더 찾아보았습니다. 이런 기사는 반드시 다른 자료가 더 있기 마련이니까요.

▼ [이번 주 역사 속 스포츠] 4월 15일 재키 로빈슨 데이, 1947년 MLBM 데뷔 기념

4월 15일이면 모든 메이저리거가
등번호 42번 달고 경기에 출전한다.

▼ 흑인 최초의 메이저리거 재키 로빈슨, 1947년 4월 15일 데뷔

4월 15일은 흑인 최초의 메이저리거 재키 로빈슨 (1919~1972)을 기리는 '재키 로빈슨 데이'로 메이저리그 30개 팀 소속 선수 전원이 등번호 42번을 달고 경기에 나선다. 이는 불굴의 정신으로 인종차별의 장벽을 깬 재키 로빈슨의 위대한 업적을 기리려는 뜻이다. 재키 로빈슨 데이는 지난 2004년 시작됐다. 4월 15일은 로빈슨이 1947년 메이저리그 무대에 데뷔한 날짜로, 42번은 그의 등번호다. 그의 등번호 42번은 1972년 6월 4일 LA다저스에 의해 영구적으로 결번 처리되었다. 메이저리그 사무국은 1997년 4월 15일, 재키 로빈슨 메이저리그 데뷔 50주년을 기념하기 위해 그의 등번호 42번에 대해 전 구단 영구결번 조치를 취했다. (중략)

재키 로빈슨은 1947년 메이저리그에 데뷔한 뒤 1956시즌까지 뛰었다. 통산 타율 .311, 홈런 137개, 1518안타, 734타점을 기록한 그는 데뷔 첫해 3할 대 타율로 도루왕과 신인왕에 올랐다. 1949년 내셔널리그 타격왕과 MVP, 6년 연속 올스타 선정 등 눈부신 활약에 이어 1955년에 다저스의 사상 첫 월드시리즈 우승에 기여했다. 재키 로빈슨의 위대한 첫 걸음 뒤 그가 은퇴하던 1956년에는 메이저리그 흑인 선수가 200여 명까지 불어났다. 평론가들은 재키 로빈슨을 향해 "베이브 루스가 야구를 바꿨다면, 재키 로빈슨은 미국을 바꿨다"고 했다. 로빈슨은 1962년 명예의 전당에 헌액되었다. 물론 흑인 첫 명예의 전당 멤버이다.

출처: 《세계일보》

어떻습니까? 자료로서의 가치가 있다고 느껴지나요? 만약 자료가 가치 있는 것으로 판단되면 이때부터는 컴퓨터에 해당 자료 폴더를 만들고 관련된 모든 자료를 이 폴더에 넣어 보관합니다. 메모로 시작된 자료가 수업소재 창고에 저장되는 순간입니다. 이때부터 본격적인 자료 조사에 들어가게 됩니다. 수업소재 자료를 찾을 때 저는 저 나름대로의 원칙과 노하우를 가지고 있습니다. 그 원칙은 다음과 같습니다.

첫째, 인터넷 검색을 통해 실제 뉴스를 찾아 그것을 스크랩해 한글 파일로 옮기고 원본 출처를 달아 놓습니다. 수업하다 보면 원본을 살펴볼 일이 많이 생기게 됩니다. 이렇게 원본을 복사해 놓지 않으면 나중에 다시 원본을 찾는 불편함이 생깁니다. 또 출처가 명확하지 않으면 해당 자료를 인용할 수 없습니다.

둘째, 해당 자료를 뒷받침해주는 다른 자료가 있는지 찾아봅니다. 관련된 텔레비전 뉴스나 다큐멘터리 같은 여러 자료가 있을 수 있습니다. 가능하면 이런 모든 자료를 찾아 저장해둡니다. 특히 저는 동영상 자료에 공을 많이 들이는데 현장감을 주고, 흥미를 끌어올리는 등 수업 활용도가 매우 높기 때문입니다. 수업시간이 짧기 때문에 긴 동영상보다 3분 이내의 짧은 동영상을 선호합니다. 재키 로빈슨 데이의 경우 경기 시작 전 경기장 스케치 화면에서 모든 선수가 42번 유니폼을 입고 몸을 푸는 장면과 이에 대해 중계 아나운서가 언급하는 동영상이 있었습니다. 또한 관련 뉴스 동영상도 많이 발견할 수 있었습니다.

셋째, 사진 자료를 찾습니다. 사진은 수업자료로 제시하기 편리하고 아이들에게 사진을 보고 뭔가를 발견해낼 수 있는 기회를 줄 수 있습니다. 개인적으로 추론해보고 숨은 의미를 찾는 수업을 좋아하는데 그런 수업을 하기에는 사진이 제격입니다. 특히 다음 사진은 한국인 메이저리거 류현진과 추신수가 있어 아이들의 관심을 더 많이 끌 수 있었습니다. 동기유발 자료로 아주 훌륭합니다.

출처: Newsen, OSEN 홈페이지

넷째, 스토리가 이어지도록 하기 위해 영화나 음악, 그림책, 동화 등 자료와 관련된 다른 문화 콘텐츠를 검색합니다. 이와 같은 원칙에 따라 소재를 모으다 보니 재키 로빈슨에 관한 영화 〈42〉도 발견했습니다. 영화를 발견하면 영화 포스터도 저장하여 스토리텔링 자료로 활용합니다. 특히 영화는 관련 장면이나 대사, 음악 등 많은 자료를 가지고 있어서 활용도가 매우 높습니다.

다섯째, 재키 로빈슨처럼 인물에 관한 것이라면 출생부터 시작해 성장과정이나 선수생활 중에 생긴 에피소드에 관심을 갖습니다. 영화 〈42〉 포스터에는 누군가가 재키 로빈슨과 나란히 어깨동무를 하고 있는 장면이 있습니다. 재키 로빈슨이 메이저리그에서 활약하긴 했지만 경기 중에 관중석에서는 여전히 재키 로빈슨에 대한 많은 야유와 조롱이 쏟아졌습니다. 동료들도 로빈슨을 동료로서 받아주지 않았고, 심지어는 심한 인종차별적인 욕설을 하기도 했습니다. 그러던 어느 날 팀 동료인 피 위 리즈가 경기 도중 로빈슨을 향한 관중의 욕설을 뒤로 한 채 로빈슨의 어깨에 손을 얹어 어깨동무를 했습니다. 관중석의 야유에 대한 리즈의 호소였습니다. 당시 리즈는 자신의 행동을 대해 '사람을 미워하는 데 여러 가지 이유가 있겠지만, 그것이 피부색 따위가 되어서는 안 된다'는 유명한 말을 남기도 했습니다. 이 일이 있은 후 로빈슨에 대한 야유는 점차 사라졌고, 이 장면은 동상으로 제작되어 다저스의 옛 연고지 브루클린에 세워졌습니다.

출처: AFP BBNews

또 다른 신문에 소개된 내용은 더 드라마틱합니다.

▶ 메이저리그가 42로 채워지는 재키의 날

메이저리그 초창기, 재키는 여느 때처럼 살인 협박에 고통스러워하고 있었다. (당시에는 유니폼에 이름을 새기지 않았기에, '다음 경기에도 나오면 42번, 너를 쏴 죽이겠다' 같은 협박 편지를 받았을 것이다.) 이때 팀 동료인 외야수 진 허만스키가 '우리 모두 42번을 달면 누군지 모르겠지?'라고 위로하던 그 한마디가 재키 로빈슨 데이의 시초가 됐다.

출처: 《오마이뉴스》

여섯째, 이 모든 내용을 파일로 정리하여 '재키 로빈슨'이라는 폴더를 만들고 관련 파일이나 자료를 저장해둡니다. 가능하면 소재의 모든 것을 폴더 하나에 저장해 필요할 때 바로 활용할 수 있도록 합니다.

저는 이렇게 하나의 소재가 나오면 가능한 한 그것과 관련된 모든 것을 조사하여 저장하는 방식을 사용합니다. 한 작가의 모든 작품을 모아서 읽는 책 읽기를 '전작주의적 책 읽기'라고 하니 저도 저의 수업소재 모으는 방식을 '전작주의적 소재 모으기'라고 부릅니다. 관련 자료 전체를 모아두는 것이 비슷하여 붙인 이름입니다. 이렇게 차곡차곡 쌓인 소재는 언제든지 활용할 수 있는 보물창고와 같습니다. 지금 당장 쓰지는 않지만 언젠가 적당한 때가 되면 사용할 수 있습니다. 재키 로빈슨의 경우에도 인권이나 인종차별 등 다양한 방면에서 사용할 수 있습니다. 토론·토의나 주장하는 글에서도 그 활용도가 높을 것입니다.

수업소재를 쓰려고 해도 당장 적당한 수업소재를 찾을 수 없다는 게 문제입니다. 수업소재라는 것이 하늘에서 뚝 떨어지는 것도 아니니 평소 수업에 사용될 만한 소재가 있으면 꾸준히 저축하는 마음으로 수업소재를 모아야 합니다. 원래는 수업내용을 보고 수업소재를 찾아야 하겠지만 현실은 그 반대인 경우가 더 많습니다. 즉, 먼저 교사의 감과 촉으로 미리 보물창고에 많은 수업소재를 저축해두었다가 수업내용을 보고 필요할 때 꺼내서 사용하는 것이지요.

소재가 많으면 많을수록 수업 만들기는 쉬워집니다. 소재가 많으면 그만큼 다양한 학습목표를 충족할 수 있기 때문입니다. 교사는 소재 찾기를 즐겨야 하고 즐기다 보면 감과 촉이 발달하게 됩니다. 수업소재를 찾는 과정에서 수업을 보는 안목과 소재를 보는 안목이 생겨서 또 다른 소재를 찾게 되는 선순환 구조를 갖게 되니까요. 가끔 뜻하지 않은 또 다른 소재를 발견하기도 합니다.

소재를 대하는 교사의 태도는 이렇게 정의할 수 있겠습니다.

찾아라.

분류하라.

저장하라.

그리고 학습목표를 만나면 활용하라.

03

좋은 수업재료와 소재의 재발견을 통한 수업비법 공개

드디어 때가 되었습니다. 5학년 1학기 국어에 '추론하며 읽기'라는 단원이 나옵니다. 저는 소재 보물창고에서 소재를 꺼내 차곡차곡 수업을 기획했습니다. 일반적인 수업의 경우 수업주제가 정해지면 거기에 맞는 소재를 찾아 수업을 설계했겠지만 이 수업은 그 반대입니다. 수업소재를 먼저 저장해두었다가 '추론하며 읽기'라는 단원이 나오자 가지고 있던 수업소재를 수업에 사용한 것입니다. 수업소재 중심의 수업기획인 셈입니다.

국어: 5학년

단원: 9. 추론하며 읽기

읽기 영역 성취기준

[읽기]

지식과 경험, 글의 정보를 활용하여 내용을 추론하는 능력을 기르고, 글을 비판적으로 읽는 데 필요한 핵심적 능력을 길러 읽기를 생활화하는 태도를 지닌다.

[내용 성취기준]

내용을 추론하며 글을 읽는다.

[지도상의 유의점]

추론에는 여러 가지가 있다. 글 속에 드러나지 않은 정보를 미루어 짐작하는 것도 추론이고, 책을 읽기 전에 제목이나 그림을 보고 책의 내용을 짐작하거나 이어질 뒷이야기를 짐작하여 보는 것도 추론이며 (중략)

교과서	차시	주요 학습 내용 및 활동
국어	1-2차시	· 단원 도입 · 내용을 추론하며 글 읽는 방법 알기
국어	3-4차시	· 내용을 추론하며 글 읽기

참고 자료: 『국어 5 - 1 교사용 지도서』

수업을 기획하기 위해 제가 참고한 내용입니다. 저는 '영역별 성취기준'을 통하여 전체적인 수업방향을 정하고, 제가 선택한 수업소재가 이 방향과 일치하는지를 살펴보았습니다. 그 후 '단원 성취기준'을 보며 수업을 어떻게 어디까지 할지 그 범위와 내용을 결정하고, 마지막으로 수업 차시를 배분합니다. 이때 '지도상의 유의점'을 통해 내가 교육과정을 제대로 해석하고 있는지, 오독하고 있는 것은 아닌지 한 번 더 확인합니다. 특히 '지도상의 유의점'은 수업의 세세한 부분까지 다시 한 번 생각하게 해주기 때문에 꼭 참고하는 자료입니다.

재키 로빈슨 데이는 단원 전체 수업을 기승전결로 본다면 기에 해당하는 단원 초기 1-2차시에 도입하기로 했습니다. 특히 추론의 개념을 알고 추론하는 방법을 이해하는 활동과 책 표지를 보고 책의 내용을 추론하는 활동에 사용하기에는 최적의 자료라고 생각했습니다.

재키 로빈슨의 사진을 보여주며 사진을 통해 우리가 알 수 있는 정보를 찾아보도록 했습니다. 무엇을 하는 사람인지, 흑백사진에서 알 수 있는 것은 무엇인지, 왜 모든 사람이 42번 등번호를 달고 나왔는지 등 모둠별로 질문을 만들고 그 질문에 대한 실마리로 재킨 로빈슨 데이가 무슨 날인지 추론해보도록 했습니다.

또 영화 포스터를 보며 어깨동무를 한 이유는 무엇인지, 포스터에서 알 수 있는 다른 정보는 뭐가 있는지, 이러한 것을 통해 당시의 사회 모습은 어떠했을지 등을 추론해보았습니다. 마지막으로 동영상을 통해 학생들이 추론한 내용을 확인했습니다.

좋은 수업소재를 발견하면 또 다른 수업소재를 불러옵니다. 소재가 소재를 낳는 것이지요. 아이들은 영화 〈42〉를 보자고 했지만, 저는 영화 〈42〉 대신 인종차별에 대한 다른 영화를 찾아보자고 제안했습니다. 아이들은 또 서로 의논했고 한 아이가 영화 〈헬프〉를 추천했습니다. 우리는 영화 〈헬프〉 포스터를 보고 어떤 내용일지 당시 사회 모습을 추론해보았습니다. 제목이 왜 〈헬프〉일지도 생각해보았습니다. 〈헬프〉는 1963년 인종차별이 심했던 미국 남부 상류사회의 모습을 담은 영화입니다. 흑인에 대한 부당한 대우를 알리려는 기자와 여러 위협에도 불구하고 자신들의 부당한 처지를 알리려는 흑인 가정부의 이야기입니다. 영화 〈헬프〉는 소설이 원작입니다. 요즘 온작품 읽기를 많이 하고 있습니다. 국어 활동 시간에 '읽고 싶은 책의 내용을 추론하여 독서 계획표 만들기'가 있어 이것을 활용하기로 했습니다. 그러나 실제로는 영화를 봤습니다. 아이들은 영화를 더 좋아하더군요.

▲ 영화 〈헬프〉와 소설 「헬프」

'적자생존'이라는 말이 있습니다. 원뜻과 달리 '기록하는 사람이 생존한다'는 농담으로 더 많이 알려졌습니다. 적어도 교사에게는 메모하는 것이 도움이 되는 게 사실입니다. 수업소재는 누가 전해주지도 않고 하늘에서 뚝 떨어지지도 않습니다. 평소에 저축하는 마음으로 차곡차곡 쌓아 놓는 것이 많은 도움이 됩니다. 특히 수업을 준비할 시간이 많지 않은 현실을 생각하면 이 방법은 좋은 대안이 될 수 있습니다.

저는 『나는 수업하러 학교에 간다』를 통해 교사의 수업환경이 마치 '패스트푸드' 같다고 말한 적이 있습니다. 교사는 급하게 수업을 준비해야 하고, 교과 전담 교사가 아닌 이상 한 시간 수업은 그 수업이 끝나면 바로 사라집니다. 이런 환경에서 교사가 다양한 수업소재를 가지고 있으면 그만큼 수업을 다양하게 할 수 있다는 의미가 됩니다. 그러니 교사는 수업소재를 구하는 데 신경을 곤두세우고 촉각을 기울여야 합니다. 또 그렇게 찾은 수업소재를 미리 사용하기 좋게 가공해 놓아야 합니다. 언제라도 수업에 투입할 수 있도록 말이지요. '패스트푸드'처럼 재료를 다 준비해 놓고 주문이 들어오면 그것을 그냥 얹어 음식으로 내 놓을 수 있도록 말입니다. 메모하는 습관은 교사가 살아 있는 교육과정이라는 것을 증명하는 일이기도 합니다.

[수업재료 2] 학습 결과물을 알면 수업이 보인다

수업에서 학습 결과물이 차지하는 비중이 점점 높아지고 있습니다. 사실 제가 초등학교를 다닐 때만 해도 학습 결과물이라고 해봐야 고작 미술 시간에 그린 그림이나 찰흙으로 만든 작품이 전부였습니다. 암기식 수업을 하던 시절에는 칠판 가득히 써 놓은 판서를 베낀 두꺼운 공책이 거의 유일한 지적 학습 결과물이었기도 했지요. 그러나 지금은 그 많던 공책 필기를 대신하여 각종 조사 보고서와 발표 자료 등 예전과는 다른 학습 결과물을 생산하고 있습니다. 일방적으로 받아 적는 대신 조사하고 활동하면서 학습자 스스로 학습 결과물을 만들고 있습니다.

이렇게 수업이 바뀐 데는 교육과정의 역할이 컸습니다. 교육과정이 바뀌면 수업이 바뀝니다. 교육과정에서 '역량'이 강조되고 성취기준과 수행평가가 도입되면서 수업은 조사, 탐구 활동이 많아지게 되고 자연스레 다양한 학습 결과물이 나오게 되었습니다. 예전 특정 과목에 집중

되었던 학습 결과물이 이제는 모든 과목에서 다양한 모습으로 나타나고 있는 것입니다. 이제는 학습 결과물을 바라보는 교사의 관점도 달라져야 합니다. 학습 결과물을 수업하다가 우연히 하나 둘씩 나오는 부산물 정도로 여길 것이 아니라 수업을 하는 목적이나 주체로 접근해야 합니다.

수업의 무게 중심이 수업방법이나 기술에서 학습 콘텐츠로 이동하고 있습니다. 학습 결과물은 교사의 콘텐츠이자 학생의 콘텐츠입니다. 교육과정 재구성이 활성화되면 될수록 이러한 현상은 더더욱 두드러질 것입니다. 흐름은 그렇게 변하고 있으나 그동안 학습 결과물을 그다지 중요하게 생각하지 않았던 것도 사실입니다. 어쩌면 학습 결과물은 수업을 기획하는 기본 틀이 될 수도 있는데 말입니다.

학습 결과물은 수업을 기획하는 데 중요한 재료입니다. 학습 결과물 목록을 작성해두고 수업을 설계할 때 활용한다면 수업기획에 많은 도움이 될 것입니다. 수업소재를 준비할 때처럼 미리 학습 결과물의 종류를 정하고 거기에 따라 수업을 설계하면 보다 더 효과적으로 수업을 진행할 수 있습니다. 이것은 학습 결과물 중심으로 한 수업설계라고 할 수 있습니다. 무엇이든 결과를 알고 나면 그 원인을 찾아가는 것이 한결 쉽게 느껴지니까요. 수학 문제를 풀 때도 답을 알고 역산해가면 더 잘 풀리는 것처럼 학습 결과물을 미리 정하고 수업을 설계하면 훨씬 더 쉽고 구체적일 수 있습니다. 특정 결과물이라는 구체적인 목표가 있기 때문에 교사는 그 결과물이 나오도록 수업을 구성하면 되기 때문입니다. 성취기준이나 학습목표를 보고 가장 적절한 학습 결과물을 결정하고 수업을 구상하는 일종의 거꾸로 설계하는 방식입니다.

▼ 학습 결과물의 종류

1. 프레젠테이션	2. 글쓰기 종류	3. 미디어와 테크놀로지 관련 결과물
연설	연구 보고서	오디오 녹음/팟캐스트
토론	편지	슬라이드 쇼
구술 발표/변호	소책자	드로잉/그림
라이브 뉴스	대본	콜라주/스크랩북
패널 토론	블로그	포토 에세이
연극	사설	비디오/애니메이션
시 낭송/스토리텔링	서평	웹 사이트/웹 페이지
뮤지컬이나 춤	훈련교본	컴퓨터 프로그램/애플리케이션
강의	수학적/공학적 분석	디지털 이야기/만화
공공 이벤트	과학 연구/실험 리포트	UCC
상품 광고	도감	

4. 구조물 형태나 모형	5. 제안이나 계획서
소규모 모형	제안서
소비 제품	사업 계획서
기구/기계	디자인
운송수단	입찰 혹은 견적
발명품	청사진
과학기구	타임라인
박물관 전시	플로 차트(업무흐름도)
건축물	
정원	

출처: 『프로젝트 수업 어떻게 할 것인가?』, 존 라머 외

그러나 학습 결과물을 중심으로 수업을 기획할 때 주의해야 할 점이 있습니다.

첫 번째, 수업을 단순히 학습 결과물 만들기 시간으로 전락시켜서는 안 된다는 점입니다. 학습 결과물을 만드는 이유는 교육과정에서 필요로 하는 성취기준을 달성하기 위한 것입니다. 따라서 학습 결과물을 만드는 것 자체가 목적이 아니라 이를 만들면서 성취기준을 달성하고 서로 협력하고 소통하는 능력이나 창의성, 비판력 등을 성장시킬 수 있도록 수업을 구성해야 합니다. 이 과정을 평가하는 것이 진정한 수행평가라고 할 수 있겠지요. 그렇기 때문에 학습 결과물은 성취기준에 부합된 것을 고려해야 합니다.

두 번째, 학습 결과물을 만들기 위해 경우에 따라 특정 분야의 기능이나 기술이 필요할 수 있습니다. 예를 들어 미디어와 테크놀로지 수업이라면 영상 편집이나 사용 기술을 익혀야 하고, 프레젠테이션이라면 PPT 만드는 방법을, 토론이나 토의를 한다면 토론·토의하는 방법이나 순서를 알아야 합니다. 학생뿐만 아니라 교사가 따로 공부해야 하는 경우도 허다합니다. 따라서 교사는 이런 점을 모두 고려하여 수업을 기획해야 합니다. 학기 초에 수업에 필요한 여러 기술을 익히도록 교육과정을 재구성하여 학생이 기술을 익힌 다음에 수업할 수 있도록 합니다. 미디어 활용 능력이나 컴퓨터 활용 능력을 기를 수 있는 과목이나 성취기준을 앞으로 당겨서 교육과정을 재구성하면 될 것입니다. 그러면 매 수업마다 일일이 가르치는 불편함이나 가르치지도 않고 무작정 실행하게 하는 무리한 일은 생기지 않겠지요. 교사 역시 부족한 점이 있으면 미리 기능을 익힐 필요가 있습니다.

세 번째, 학습 결과물을 어떻게 선정하느냐에 대한 것입니다. 학습 결과물을 선정할 때 가능하면 교사의 흥미도가 높은 것을 중심으로 선정하기 바랍니다. 보통 학생의 흥미를 우선하는 경우가 많은데 저는 학생보다는 교사 중심으로 선정하기를 권합니다. 학생들은 좋아하지만 교사가 자신 없는 것보다 학생들이 별다른 흥미를 보이지 않더라도 교사가 잘하는 분야를 선택하라는 뜻입니다. 교사가 잘하는 분야라면 학생의 흥미를 이끌어낼 확률이 높습니다. 한 예로 국악을 맛깔나게 하는 선생님이 있었습니다. 노래 가사 바꾸기 수업을 했는데, 사실 국악이라는 것이 요즘 아이들에게 그다지 흥미롭지 않은 분야인데도 불구하고 선생님이 맛깔나고 흥겨운 가락으로 표현하자 학생들도 재밌게 수업에 이끌렸습니다. 교사가 뭘 제대로 하면 모르고 지나갔던 것들을 짚어주게 되고, 그것이 학생들의 흥미를 불러일으키는 요인이 될 수 있습니다. 학습에는 어느 정도 강제적인 요소가 들어가기 마련입니다. 학생 중심 수업을 하더라도 수업은 교사가 하는 것임을 잊지 말아야 합니다.

네 번째, 학생이 선생님처럼 잘하기를 바라지는 마세요. 학생은 학습 결과물을 만들어내는 전문가도 아니고 전문가로서의 소양이 필요한 것도 아닙니다. 전문가들이 하는 것을 도구로 이용하여 학생 수준에서 그것을 활용하는 것뿐입니다. 도구로 활용하며 학습목표를 달성하는 것이지요. 때로는 흉내 내는 과정에서 창의성을 발휘하기도 합니다. 학생에게 전문적인 소양이나 결과를 요구하는 순간 아이들은 본말이 전도되어 내용보다는 형식을 배우게 됩니다. 수업에 힘이 들어가고 결국 교사가 원하는 수업이 아닌 엉뚱한 수업으로 흐르기 일쑤입니다. 어쩌면 학생에게 화를 내고 실망하며 한숨짓는 자신의 모습을 보게 될지도 모릅니다.

다섯 번째, 학습 결과물을 어떻게 활용하느냐도 중요합니다. 학습 결과물 활용 계획도 역시 수업을 기획할 때 미리 생각해두어야 합니다. 학교 현관이나 교실 안에 전시하거나 다음 학기 예시 작품으로 활용할 수도 있고, 개념 설명을 위한 피드백 자료로 활용할 수도 있습니다.

05

[수업재료 3] 주제 선정을 위한 세상의 모든 수업 아이디어

교육과정 재구성이 일상 속으로 들어오며 주제 중심 수업이 늘어나고 있습니다. 그러나 주제 선정은 어렵고 막막합니다. 교과서라는, 구체적인 내용이 제시된 것에 익숙해 있었는데 갑자기 자신이 모든 것을 만들어야 하니 당연히 막막함과 두려움이 앞설 것입니다. 실제로 많은 교사들이 교육과정 재구성을 하고 싶지만 정해져 있지 않은 길을 간다는 두려움 때문에 주저하게 된다고 얘기합니다.

교육과정 재구성이 처음이라면 주제를 선정할 때 쉽고 간단하며, 주제의 성격이 잘 나타난 구체적인 것으로 선택하길 바랍니다. 잘 하고 싶은 욕심에 처음부터 너무 어마어마한 주제를 정하면 실천이 어려울 뿐만 아니라 평가도 복잡해집니다. 여러 과목, 여러 주제가 뒤엉켜 있는 곳에서 특정 성취기준 하나하나를 평가한다는 것은 쉬운 일이 아닙니다. 수업 차시로 한다면 10차시 정도의 수업이 적당합니다.

교육과정 재구성 주제는 앞에서 말한 학습 결과물과도 밀접한 관련이 있습니다. 대개 주제 중심 수업에서는 어떠한 형태로든 학습 결과물을 만들어 내니까요. 학습 결과물과 수업주제는 서로 밀접하게 관련되어 있어서 서로 영향을 주고받습니다. 어떤 경우는 한 주제에 한 가지 학습 결과물이 나오기도 하고, 복잡한 주제일 경우 한 주제에 여러 학습 결과물이 나오기도 합니다. 따라서 교육과정 재구성 주제를 선정할 때는 학습 결과물을 무엇으로 할지도 함께 고민해야 합니다.

수업주제 선정을 위한 일반적인 원칙은 다음과 같습니다. 학생의 흥미, 교사의 관심과 능력, 학급 환경, 지역사회의 문제점이나 사회 현상, 이슈 등을 고려하여 성취기준에 맞는 주제를 선정합니다. 다음은 일반적인 주제 유형입니다.

[유형 1]

실생활이나 사회에서 생기는 문제를 해결하는 것으로, 작게는 학교나 지역사회에서, 넓게는 국가나 세계 여러 나라에서 공통으로 발생하는 문제점을 조사하고 분석하는 유형입니다.

- 학교 규칙 만들기
- 층간 소음 문제를 어떻게 해결할 수 있을까?
- 원자력 발전에 대한 여러분의 입장은?
- 환경오염이나 멸종위기의 야생 동물
- 기후 변화 등

[유형 2]

직접 설계하거나 제안하는 것으로, 실생활에 필요한 무언가를 제안하거나 그것을 설계하여 모형으로 만들어보는 유형입니다.

- 우리가 다니고 싶은 학교 설계하기
- 친환경 어린이 놀이터 설계하기
- 선사시대 움집 만들기
- 애완동물 집 설계하기
- 각종 계획서나 제안서 등

[유형 3]

공연이나 행사를 개최하거나 진행해보는 것으로 박람회나 발표회장을 만들고 특정 주제에 맞는 행사를 진행하는 유형입니다.

- 박람회
- 바자회
- 체육대회, 올림픽, 전국체전
- 전시회
- 이것저것 온갖 발표회 등

[유형 4]

조사, 탐구하는 주제로 일반적으로 가장 많이 사용하는 유형입니다. 자료를 조사, 수집, 탐구하여 발표하며 최종 결과물은 보고서나 프레젠테이션 등으로 나타납니다.

- 자연환경이나 인문환경 조사 탐구
- 다양한 생활 모습
- 주택문제, 환경문제, 교통문제 조사 등

수업주제는 다양하며, 특정 유형이라는 것이 따로 없습니다. 그때그때 교육과정에 맞게 적절한 주제를 선정하여 수업을 기획하면 됩니다. 사실 주제 선정도 중요하지만 주제 선정 이후가 더 중요하다고 할 수 있습니다. 선정된 주제를 단순히 학생에게 제시하면 학생은 이것을 하나의 과제나 학습으로 느낍니다. 따라서 학습이 아닌 것으로 받아들이도록 하는 눈속임 장치가 필요합니다. 학생의 흥미를 유발시키고 스스로 학습할 수 있도록 재구성 주제를 가공할 필요가 있습니다. 학습을 놀이처럼 착각하게 만드는 역할을 하는 것이 바로 수업설정입니다. 수업을 가상의 상황으로 설정하는 것입니다.

주제 중심 수업에서 주제가 선정되면 이 주제를 어떻게 가공하여 학생들이 힘들지 않도록 할 것인가 하는 고민이 필요합니다. 수업주제가 다음 장에서 소개하는 수업설정과 만난다면 둘이 결합하여 훨씬 더 강력한 시너지를 발휘할 것입니다. 주제를 결정했다면 다음에 이어지는 수업설정을 구상해보기 바랍니다.

[수업재료 4] 상황을 기획하라! 수업 고수들은 설정에 강하다

아이들은 역할 놀이를 좋아합니다. 모래장난을 하며 소꿉놀이를 하고, 운동장 한편에서 도둑과 경찰이 되어 쫓고 쫓깁니다. 역할 놀이를 하는 아이들의 표정을 보면 마치 자신이 진짜 그것이 된 것처럼 몰입하며 자신의 역할에 최선을 다합니다. 수업에서의 상황 설정은 이러한 아이들의 심리를 이용하여 수업에 몰입할 수 있도록 도와주는 수업장치입니다. 상황 설정은 수업을 리얼하게 만들어 교사가 도입한 재구성 주제와 소재를 사실처럼 믿게 만들어주지요. 학습을 놀이로 만들고, 학교를 또 다른 학습의 장으로 탈바꿈시키는 역할을 하기도 합니다.

다음 그림은 사회 정치 관련 수업을 할 때 귀족과 평민으로 나누어 수업을 했을 때의 모습입니다. 귀족이 된 아이들은 쉬는 시간에도 귀족의 상징인 사모를 벗어 놓지 않고 놀고 있습니다. 가상 사회지만 아이들은 현실인양 몰입하고 있습니다.

아이들은 이름만 살짝 바꿔도 달라집니다. 모래 하나만 주어졌을 뿐인데 아이들은 이 모래에 의미를 불어넣습니다. 모래가 밥도 되고 국도 됩니다. 그 모래에 장난감 몇 개만 더 주어지면 어떻게 될까요? 아이들은 그것을 응용해 또 다른 놀이를 만들어냅니다. 아이에게 모래를 깔아주듯 수업의 판을 깔아주면 아이들은 또 다른 새로운 수업을 고안하고 제안할 것입니다. 자연스럽게 흔히 말하는 만들어가는 수업, 만들어가는 교육과정이 될 것입니다.

07

[수업재료 5] 상황을 지배하라!
수업 고수들은 가정법에 강하다

교사는 상황 설정에 능해야 합니다. 가상 세계는 누구나 좋아합니다. 누구나 무엇이든 되고 싶은 욕망이 있기 때문입니다. 가상 세계에서는 얼마든지 아이들의 호기심을 채워줄 수 있고, 가상 설정은 시간과 공간, 인물 등 모든 것을 망라합니다. 교사는 이렇게 가상의 공간, 가상의 역할, 가상의 상황 등 다양한 상황을 기획할 수 있습니다.

다음 내용은 그동안 수업에 적용해보았던, 혹은 적용해보고 싶던 내용과 각종 도서에서 힌트를 얻은 상황 설정이나 가상의 세계입니다. 때로는 주제와 소재 사이의 경계가 모호하여 구분되지 않는 것도 있지만 가능하면 모두 소개해보려고 노력했습니다. 여러 교육과정 재구성 관련 책이나 다른 선생님들의 이야기도 참고했습니다.

전문가 되어 보기

학생이 전문가가 되는 것으로 설정하는 것입니다. 실제 학생이 경험하는 세상에는 마케팅, 제품 생산, 각종 건설, 금융상품 개발, 영화 제작, 생태환경 조성 등에 관한 많은 전문가가 있습니다. 시장, 검사, 판사, 연구원, 의사, 역사학자, 고고학자, 나무 치료사, 각종 설계사, 변호사 등이 구체적인 예입니다. 법을 만들 때는 국회의원이 되어 보고, 구체적인 무언가를 만들 때는 상품 개발자나 게임 개발자로 설정합니다. 주제 중심 교육과정 재구성에서는 전시회를 많이 합니다. 이때는 박물관 큐레이터가 되는 것도 좋을 것입니다. 학생은 전문가로서 구체적이고 명확하게 자신이 해야 할 일을 알 수 있습니다. 이러한 일을 하면서 자신이 맡은 역할에 맞는 행동이나 인간관계를 맺을 수 있습니다. 예기치 않은 우연의 요소도 수업으로 끌어들일 수 있습니다.

방송 프로그램 포맷 활용하기

교육과정 재구성에 따른 수업주제를 아예 방송 프로그램을 모방하여 진행할 수도 있습니다. 방송 포맷을 수업에 그대로 가지고 오는 것이지요. 요즘은 방송도 관찰 예능이나 프로젝트 형식으로 많이 합니다. 프로젝트 수업과 그 진행방식이 매우 비슷합니다. 방송의 포맷을 따와서 수업에 적용하면 수업이 수월해집니다. 방송 포맷은 이미 학생들에게 익숙한 것이기 때문에 방법을 따로 설명할 필요도 없습니다. 프로그램 이름만 대면 아이들은 어떻게 할지 바로 알기 때문이지요. 방송 프로그램이 가지고 있는 흥미로운 요소를 수업에 그대로 활용한다는 장점도 있습니다. 방송 포맷을 수업에 활용한 가장 대표적인 것이 〈도전 골든벨〉입니다. 〈도전 골든벨〉은 진화에 진화를 거듭해 지금은 다양한 형태의 수업으로 발전했습니다.

〈1박 2일〉, 〈무한도전〉, 〈윤식당〉, 〈삼시세끼〉, 〈효리네 민박〉, 〈알쓸신잡〉 등의 프로그램은 하나의 프로젝트 수업을 하기에 충분한 포맷을 가지고 있습니다. 〈생활의 달인〉은 전문가의 뛰어난 능력을 보여주는 프로그램으로 이를 변형하여 〈○○의 달인〉, 〈○○의 제왕〉, 〈○○ 박사〉 등 전문가를 설정하여 수업에 활용할 수 있습니다. 텔레비전 프로그램은 정말 다양합니다. 이들 프로그램을 잘 활용하여 각 과목 특성에 맞게 사용한다면 쉽게, 조금 더 재미있게 수업할 수 있습니다. 방송 프로그램은 그 자체로 교육과정 재구성 주제도 될 수 있으니 1석 2조입니다.

가상의 공간과 가상의 역할 설정하기

미국 초등학교 경제 교육 프로그램 중에 SEC(Small Economy in the Classroom) 프로그램이 있습니다. SEC는 초등학교 교실을 작은 경제체제로 구축하고 그곳에서 다양한 경제활동을 실제처럼 경험하면서 경제의 개념과 원리를 자연스럽게 습득하게 하는 프로그램입니다. 경제활동을 하면서 발생하는 여러 가지 문제점을 논의하고, 그 대책도 함께 고민해 볼 수 있도록 고안되었습니다.

이때 교실은 경제활동을 하는 가상의 공간이 되고, 학생은 경제활동의 주체가 되어 실제로 경제활동을 합니다. 교실을 가상의 공간으로 만들고 학생은 가상공간에 맞는 역할을 하는 것이지요. 우리나라에서도 문경민 외 3인이 출간한 『교실 속 마을 활동』에서 소개되었고, 인터넷에도 관련 내용이 올라와 많은 선생님이 이 프로그램을 사용하고 있습니다.

이처럼 학급 환경을 시뮬레이션에 맞게 꾸밀 수 있습니다. 예전에는 어린이 의회 같은 것이 있었지만, 그때는 형식만 따왔을 뿐 실제로 해보지는 않았습니다. 그러니 수업이 죽어 있을 수밖에 없지요. 미니 사회를 만들고 실제적인 체험으로 이어지도록 기획해야 합니다. 이것을 더 확대하면 국가 만들기, 정당 만들기 등까지 진행할 수 있습니다. 미니 경제, 미니 정치, 미니 유엔이나 가상의 나라, 가상의 정부 부처, 가상의 기업 등 그 영역도 다양하게 활용할 수 있습니다.

앞에서 살펴봤듯이 수업을 시뮬레이션으로 구상할 때 가장 중요한 것은 '현실의 반영'입니다. 사실 복잡한 상황을 설계한다는 것은 쉬운 일이 아닙니다. 이때 SEC(Small Economy in the Classroom)처럼 먼저 계발된 프로그램을 참고하면 좀 더 쉽게 접근할 수 있을 것입니다. 실제 이 경제 프로그램을 참고하여 '교실 속 미니 정치'를 계발한 경험이 있습니다. 『내가 나라를 만든다면』, 『내가 가게를 만든다면』, 『내가 법을 만든다면』 같은 책도 도움이 됩니다. 가상의 세계를 설정하는 데 참고가 될 뿐만 아니라 직접 수업에 활용할 수도 있는 자료들입니다. 그림책으로

되어 있어 학생에게 바로
적용할 수도 있습니다.

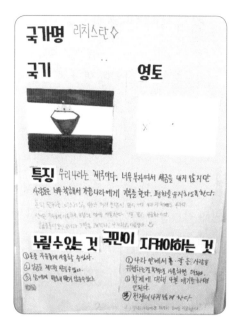

▶ 『내가 나라를 만든다면』을 참고하
여 만든 나라, 김효주 선생님 수업

축제나 이벤트 활용하기

스페인의 토마토 축제나 태국 송크란 물싸움 축제 등 세계적인 축제
가 많이 있습니다. 축제나 이벤트는 주제가 확실하고 명확하여 수업주
제로 활용하기에 적당합니다. 전국노래자랑, 올림픽, 전국 체전, 과학경
진대회, 대한민국 영화제, 음악제 등의 형식은 축제나 이벤트 형식을 빌
린 것입니다.

전시회나 박람회

요즘은 전시 산업이 발달해 생활 주변에서도 많은 전시회가 진행되고 있습니다. 이런 형식을 빌려 각종 전시회, 박람회, 투자박람회, 기업의 사업 설명회, 동아리 발표회, 역사나 문화재 전시회, 각종 박물관 등 특색 있는 발표회 상황을 설정할 수 있습니다. 선생님은 학습 결과물을 전시하거나 피드백에 활용할 수 있고, 학생들은 배운 내용을 소개하기 위해 전시장을 꾸미고 공개행사를 할 수 있습니다. 주제 중심 수업 마지막 부분에서 성과물을 서로 공유하고 나누는 활동으로 사용하기에도 적당합니다.

환경 변화 가정하기

이 주제는 자연 환경이 변하면 인간의 삶도 환경에 적응하거나 변한다는 것을 가르칠 때 사용하기 좋은 주제입니다. 주로 '가정'하게 되고, 가정의 결과로 어떤 변화가 일어날지에 대한 생각을 말합니다. '어디어디에서 살아보기' 시리즈의 만화를 패러디하여 남극에서 살아보기, 열대지방에서 살아보기 등처럼 활용하고 그 지역 특성을 찾아보거나, 우리나라가 열대지방이 된다면, 우리나라가 남극이 된다면 등 자연 환경 자체에 변화를 주는 것입니다.

경연(오디션) 방식 활용하기

지금은 시들하지만 예전에는 〈슈퍼스타 K〉 같은 오디션 프로그램이 유행했었고, 여기저기에서 이 방식을 도입했습니다. 수업에 오디션 방식을 도입하는 것도 고려해볼만 합니다. 아이들끼리 심사위원도 되고 심사기준도 정하고 심사평도 하면서요. 기네스북처럼 기록에 도전하는 것도 여기에 해당합니다.

과거나 미래의 물건을 이용한 반응 관찰하기

해외 동영상 중에 'kids react to...'라는 프로그램이 있습니다. 아이들에게 예전에 사용하던 오래된 물건을 보여주고 그 반응을 관찰하는 프로그램입니다. 그것을 어떻게 사용하는지 사용방법을 찾아보게 하는 것입니다. 예를 들어 아이들에게 카세트와 카세트테이프를 주고 어떻게 사용하는 것인지 찾아보게 하고, 나중에는 그 작동 원리까지 생각해보는 프로그램입니다. 아이들은 카세트를 두드려보기도 하고 요리조리 살펴보기도 하지만 결국 사용법을 찾아내지는 못하더군요. VTR이나 타자기 등 다양한 소재를 활용할 수 있어서 그 활용 범위도 매우 넓습니다.

이 형식은 과거의 문화나 현상을 탐구하는 사회 시간이나 역사 시간에 많이 활용할 수 있고, 옛 물건을 현대의 물건과 매치시키거나 현재의 물건이 미래에 어떻게 될지 등을 생각해보는 수업을 할 수도 있습니다.

시간과 공간을 넘어 여행 떠나기

과거로의 여행, 미래로의 여행 등 시간여행, 타임머신 같은 것을 설정하여 수업을 기획할 수 있습니다. 또 우주 공간이라면, 바다 속이라면, 하늘이라면, 땅속이라면 등과 같이 공간으로의 여행을 설정할 수도 있습니다.

국가 기관이나 시민 단체 만들기

환경단체, 경영자 총연합회, 노동자 단체, 동물보호협회, 세계보건기구, 국가인권위원회 등 전문적인 활동을 하는 단체를 만들어보고 그것을 수업주제와 연계시킵니다.

기념일 이용하기

한글날, 제헌절 같은 기념일을 수업에 활용합니다. 교과와 관련된 특별한 날을 설정하고, 그것을 수업에 활용하는 것이지요. 애완동물의 날, 여성의 날 등 수업주제와 관련된 독특한 아이디어를 더할 수도 있습니다.

장사나 경매, 경영하기

아이들은 뭔가 사고파는 것을 좋아합니다. 어른들처럼 뭔가를 할 수 있다는 생각에 수업에 몰입하게 됩니다. 장사 관련 수업은 거의 실패가 없습니다. 다른 형태의 수업을 하더라도 그것에 경매 형식을 덧붙이거나 경쟁심을 활용하면 금방 수업에 빠져듭니다. 또 창업을 하여 직접 가게를 운영하는 것도 좋아합니다. 지식 경매, 물건 경매, 장사의 신, 바자회, 알뜰시장, 사장님 되기 프로젝트 등이 있습니다.

역지사지 이용하기

교사와 학생의 신분을 바꾸거나, 남자와 여자를 바꾸어 볼 수 있습니다. 왕과 신하처럼 신분을 바꾸거나, 걸리버 여행기처럼 뭔가의 사이즈를 크거나 작게 만들고, 형태를 변형하거나 변화를 줄 수도 있습니다. 무언가를 대신할 수 있는 대체재 만들기도 재미있는 수업주제입니다.

뭔가 조건을 제시하거나 제한하기

KBS에 〈인간의 조건〉이라는 프로그램이 있었습니다. 이 프로그램은 음식물 쓰레기 없이 살아보기, 전기 없이 살아보기, 일회용품 없이 살아보기, 일회용품으로만 살아보기, 생활 쓰레기 없이 살아보기 등 일상생활 속에서 만날 수 있는 작은 일에 규칙을 바꾸거나 조건을 제시하고 목표를 달성하는 구성을 가지고 있습니다. 아이들은 조건만 제시해도 수업에 쉽게 몰입하니, 이를 활용하여 수업을 기획할 수 있습니다.

게임이나 놀이를 이용하는 게이미피케이션(Gamification)

놀이와 게임을 이용하여 수업하는 것입니다. 게임 요소를 도입해 수업에 맞게 게임 규칙을 바꿔 프로젝트 수업을 진행합니다. 단순히 놀이와 게임에 그치지 않도록 수업과 어떻게 연결시키느냐가 중요합니다. 스마트폰으로 미션을 주고 수행하는 역할 수행 게임도 많이 활용되고 있습니다.

설정은 학생들만 하는 것이 아닙니다. 때에 따라 교사도 역사 속의 한 인물이 되거나 대통령이 되고, 게임 개발자로 변신할 수 있습니다. 아이들의 가상 세계 속으로 교사가 같이 들어가면 상황은 더욱 리얼해집니다.

08

주제 선정, 설정, 가정법을 통한
교육과정 재구성 비법 공개

앞에서 알아본 다양한 상황 설정을 구체적으로 어떻게 수업에 적용할 수 있을까요? 그동안 현실을 수업으로 끌어들이기 위한 많은 교수법이 연구되어 왔고, 실제로 교사가 수업에 바로 활용할 수 있도록 도움을 주고 있습니다. 여기서는 프로젝트 수업(PBL), 백워드 설계(UbD), 게임을 활용한 프로젝트 학습(Gamification PBL)까지 세 가지 프로그램을 소개하면서 실제로 교육과정을 재구성하는 방법을 알아보겠습니다.

1. 프로젝트 수업(PBL)을 위한 기본 틀 잡기

프로젝트 수업은 현실을 바탕으로 하는 가장 대표적인 수업입니다. 주제 중심으로 수업하기에 가장 좋은 조건을 가지고 있습니다. 다음은 프로젝트 수업에서 탐구 질문을 하며 구체적인 역할을 주는 예입니다.

학생들이 맡을 역할과 학생들이 만들어야 하는 실제 결과물을 구체화하는 탐구 질문을 작성하기 위하여, 다음의 틀을 사용할 수 있다. 상황에 따라 세부 사항을 바꿔 넣으면 된다.

"설득하거나, 정보를 제공하거나, 해결책을 제안하거나, 만들어질 결과물이나 행동의 목적은 무엇일까? 그리고 청중은 누구일까?"

"현실에서 이것을 하는 사람은 누구일까?"

우리가 (어떤 역할)로서, (목적과 대상)**을 위하여** (해야 하는 과업이나 만들어야 할 결과)**를 어떻게 할 수 있을까?**

"이러한 역할을 하는 사람들이 만든 결과물이나 하는 행동은 무엇일까?"

예를 들어,

우리가 요리사**로서,** 우리 레스토랑에 온 관광객에게 우리 지역에서 만들어지는 음식을 보여**주기 위하여,** 저녁 메뉴 계획을 **어떻게 할 수 있을까?**

우리가 신문기자**로서,** 역사적으로 보호되어야 하는 지역사회 건물을 설명**하기 위하여** 기사 쓰기를 **어떻게 할 수 있을까?**

출처: 『프로젝트 학습: 초등교사를 위한 안내』, Sara Hallermann 외

2. 백워드 설계(UbD)의 수행평가 과제를 위한 틀(GRASPS) 응용하기

이 방법은 구체적으로 각자의 역할이나 가상 상황을 지정해 더욱 편리하게 수업에 적용할 수 있습니다. 주제를 정하고 어떻게 가상 상황의 역할을 줄지가 구체적으로 나타나 있습니다.

학습자들이 실생활에 적용할 수 있는 상황(Situation)에서
어떤 목표(Goal)를 가지고
구체적인 대상 혹은 관중(Audience)을 고려하면서
특정 역할(Role)을 맡아
기준(Standard)에 따라 결과물(Standard)을 만들어내는 형식으로 개발된다.

목표 (Goal)	너의 과제는 _____이다. 과제의 목적은 _____을 하기 위함이다. 문제 혹은 도전은 _____이다.
역할 (Role)	너는 _____이다. 너는 _____을 하도록 요청 받았다. 너의 일/역할은 _____이다.
청중 (Audience)	너의 고객은 _____이다. 너의 목표 청중은 _____이다. 너는 _____를 설득시켜야 한다.
상황 (Situation)	너 자신은 _____한 상황이다. 너의 도전은 _____을 처리하고 다루는 것이다.

결과물 (Product)	너는 ____을 하기 위해서 ____을 만들게 될 것이다. 너는 ____가 ____을 할 수 있도록 하기 위하여 ____을 개발해야 한다.
기준 (Standard)	너의 수행은 ____을 포함해야 한다. 너의 작업은 ____에 의해서 판단될 것이다. 너의 결과물은 반드시 다음의 기준들을 만족해야 한다.

출처: 『역량 함양을 위한 교육과정 설계 - 이해를 위한 수업 - 』, 김경자 외

위의 내용은 수행평가 설계 방식이지만 수업을 설계할 때도 많은 힌
트를 얻을 수 있어 소개해봅니다. 같은 책에 소개된 수행평가 과제 설정
을 보겠습니다. 다음은 GRASPS를 이용한 시나리오의 예시입니다.

어린이 큐레이터 활동하기

영국의 대영박물관은 '한국 전통 문화의 변화와 발전'이라는 주제로 한국
관을 전시할 예정입니다. 여러분은 '어린이 큐레이터'이며 영국의 대영박
물관 관장으로부터 한국 조상들의 생활 모습이 오늘날 어떻게 바뀌었는
지에 대하여 설명할 수 있는 제안서를 달라는 편지를 받았습니다. (중략)
여러분은 과거-오늘날-미래의 달라진 생활 모습의 차이점과 발전된 모
습을 그림(사진)이나 도표를 포함한 제안서로 보내야 합니다. 실물, 모형
및 동영상 자료를 참고 자료로 같이 보내도 됩니다. 주제는 의식주(2팀),
생활도구(2팀), 여가생활(2팀)로 하면 됩니다.
여러분의 제안서와 자료는 박물관 관장님께 보내기 전에 교실 내에 전시

될 것입니다. 이때 각 모둠의 대표자 1명은 전시물에 대한 자세한 설명을 하고, 대표자 역할은 번갈아가면서 수행합니다. 다른 학생들은 관람객이 되어 자유롭게 관람한 후에 전시물에 대한 소감문을 작성합니다.

3. 게임을 활용한 프로젝트 학습(Gamification PBL)

게이미피케이션(Gamification)은 게임의 요소를 수업에 접목시키는 것입니다. 프로젝트 학습(Problem Based Learning)에서 게임의 요소를 가지고 온 경우를 말합니다. 게이미피케이션(Gamification) PBL은 아이들에게 해야 할 역할과 해결해야 할 퀘스트(Quest 해결할 문제, 미션에 해당함)를 주고 마치 게임에서 임무를 수행하듯 문제를 해결해 나가는 방식입니다.

꿀벌이 사라졌다

꿀벌이 갑자기 사라졌습니다. 온 세계가 충격에 휩싸인 상태입니다. 여기저기서 인류의 멸망을 우려하는 목소리가 터져 나오고 있습니다.

'도대체 원인이 뭘까요?'

'어디서부터 어떻게 잘못된 걸까요?'

'정말 꿀벌의 멸종이 인류의 멸망으로 이어지게 될까요?'

지금 절망에 빠진 세계를 구하기 위해 여러 분야의 유능한 전문가들이 모이고 있다는 소식입니다. 꿀벌의 멸종이 풍전등화(風前燈火), 바람 앞의 등불처럼 인류의 운명을 위태롭게 만들고 있습니다. 한 치 앞도 내다보지 못하는 것이 인생이라지만 그냥 이대로 기다릴 순 없는 노릇입니다. 반드시 알아야 합니다. 아직 인류의 운명은 결정되지 않았으니까요. 이제부터 당신에게 중요한 임무가 부여됩니다.

Quest 01. 꿀벌 멸종 이후의 세상을 예측하라

Quest 02. 꿀벌 없는 세상에서 살아가는 방법을 찾아라

Quest 03. 꿀벌 지키기 미니 다큐 만들기

Quest 04. 거리로 나가 꿀벌을 위한 캠페인을 시작하자

출처: 『설레는 수업, 프로젝트 학습』, 정준환

수업기획의 꽃, 프로젝트 수업을 기획하다

주제 선정하기 – 현실의 모든 것이 프로젝트의 대상이 된다. Real Life Project

제가 지금 근무하고 있는 학교는 신설 학교입니다. 요즘 신설 학교는 예전과 달리 다양한 공간을 비교적 많이 가지고 있습니다. 우리 학교 교장 선생님은 이 공간을 아이들에게 돌려주려고 학생들에게도 의견을 물어보고 직접 공간 활용에 대한 연수도 들으며 어떻게 이런 공간을 잘 활용할 수 있을지 많은 고민을 합니다. 3층 복도에서 출입문을 나가면 넓은 옥상이 나타나고, 복도에서 바로 연결되어 잘만 활용하면 좋은 놀이터가 될 수 있을 터입니다. 웬만한 학교의 작은 운동장 크기 정도니까요. 이 프로젝트 수업은 이렇게 우리 학교 현실에서 가져왔습니다. '내가 다니고 싶은 학교'라는 주제로 프로젝트 수업을 기획해보았습니다.

◀ 2층과 3층을 바로 연결하는 계단

▼ 3층을 나가면 펼쳐지는 넓은 옥상

자료 수집하기

먼저 자료를 수집했습니다. 필요한 자료는 실제 사례와 신문에 소개된 사례를 수집했습니다. 이웃인 서정초등학교의 옥상 구조가 우리 학교와 비슷하던 기억이 떠올라 서정초에 근무하고 있는 선생님에게 옥상 관련 사진 자료를 요청했습니다. 서정초등학교는 옥상을 텃밭과 토끼장으로 이용하고 있었습니다. 복도에서 출입문으로 나가면 바로 텃밭과 토끼장을 만날 수 있어 활용도가 꽤나 높아 보였는데, 군데군데 파라솔을 두어 앉아서 휴식할 수 있는 공간을 마련하고, 수도 시설까지 갖추니

텃밭 작물을 관리하는 데도 편리했습니다. 물론 여기서 수확되는 농작물은 점심시간에 아이들이 직접 따서 먹는다고 합니다.

◀ 서정초 중간 옥상의 모습

다음에는 언제인가 신문기사에서 학교 공간과 관련해 아이들이 프로젝트 수업을 진행한 것을 본 생각이 나서 자료를 조사해보았습니다. 서울시 교육청 배성호 교사는 학교 공간을 아이들에게 돌려주고 아이들과 함께 학교 공간 개선 프로젝트를 진행했었습니다. 다음 내용은 이 수업과 관련된 신문기사 내용 중 일부입니다.

삼양초에서는 움직이는 창의클래스 프로젝트에 참여하여 학교 공간을 학생들이 직접 디자인한 것으로 바꾸어 놓았다. 이때 창의클래스는 '놀이' 관점에서 아이들이 학교 구석구석을 탐구하고 공간을 바꾸는 참여 디자

인·건축 프로젝트다. (중략)

창의클래스는 매주 화요일 열렸다. 가장 먼저 한 일은 학교에서 뭘 하며 놀 수 있는지 아이디어를 모은 것이다. 놀이 종류는 총 31가지나 쏟아졌다. 술래잡기, 피구, 축구 등 뛰어 노는 놀이뿐 아니라 누워서 바람맞기, 수다 떨기, 멍 때리기 등 아이들은 일상을 놀이로 바라보고 있었다.

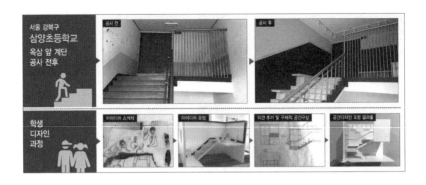

노는 공간, 쉬는 공간, 위험한 공간을 찾으며 학교를 둘러보던 아이들은 '옥상 따러 가기'를 제안했다. 굳게 닫힌 옥상 문을 열기 위한 갖가지 아이디어가 나왔다. "고무줄, 실핀 등을 가지고 열어보겠다. 기둥을 타고 오르거나 밖에 계단을 만들어 올라가겠다. 자물쇠를 따주는 사람에게 부탁하자." 그러나 일부가 반대했다. 이유는 "우리가 학교 주인이 아니라서"였다. "학교의 주인은 누구지?" "교장 선생님이지." "교장 선생님인가?" 결국 아이들은 교장 선생님 면담을 신청했다. 공간을 바꾸기 위한 활동을 소개하는 영상과 발표 자료를 만들어 옥상 공간을 활용하게 해달라고 요구했지만 안전 문제를 이유로 허락받지 못했다. 이예진 양은 "학교 바꾸기가 쉽지 않다는 것을 느꼈다."고 말했다. 대신 아이들은 창문으로 동네가 내려다보이는 '옥상 앞 계단'을 디자인 공간으로 선정했다. 또 아이들이 많이 놀지만 쉬는 공간이 없는 '뒤뜰'과 활용하지 않는 땅이 있는 '텃밭'도 바꾸기로 했다. (중략)

지난해 11월과 12월, 아이들은 팀별로 토론을 거듭하며 아이디어 스케치, 공간 구상, 모형 제작 등 건축설계를 마무리했고 지난 1월 시공에 들어가 '어린이 공간 참여 디자인'이 그 모습을 드러냈다. 옥상 앞 계단은 맘껏 낙서할 수 있는 쉼터로, 뒤뜰은 가방을 던져 놓고 놀 수 있는 놀이터로, 텃밭은 미끄럼틀과 같은 의자가 놓인 체험장으로 변신했다. (중략)

아이들도 만족했다. "우리도 학교를 바꿀 수 있구나, 어른들이 우리 의견을 들어주는구나 싶어서 신기했어요. 학교는 원래 공부하는 곳이라고 생각했는데, 이번 활동을 하며 학교가 추억의 장소구나!'라고 느꼈어요." (김노은)

"조금씩 바꿔나가니 이제는 '학교의 어디를 바꿀까', '어떻게 바꿀까' 이런 생각이 들었어요. 우리가 쓰는 공간을 우리와 상의 없이 (어른들이) 마음대로 바꾸는 것은 안 좋아요." (김민성)

출처:《한겨레신문》

동료교사와 함께 프로젝트 수업 설계하기

마지막으로 위의 자료를 바탕으로 동료교사와 함께 프로젝트 수업을 설계해보았습니다. 프로젝트 수업은 고려할 사항이 많기 때문에 동학년 선생님과 같이 설계하는 것이 유리합니다. 미처 생각하지 못했던 것을 서로 보완해주고, 수업하는 도중에도 서로에게 피드백을 해줄 수 있습니다. 비교적 덩치가 큰 수업일수록 동학년과 함께 수업을 진행하면 위험은 줄어들고 위안은 늘어납니다. 이 수업은 저도 함께 참여한 『프로젝트 수업, 배움을 디자인하다』의 공동 저자인 이현정, 임해정 선생님과 같이 설계한 내용입니다.

1단계: 수업주제 정하기

프로젝트 주제를 정하는 단계입니다.

먼저 수업의 가능성을 알아보기 위하여 아이들과 함께 옥상으로 갔습니다. 그리고 이 옥상을 어떻게 이용할지, 놀이터로 이용하려면 어떤 점을 바꾸어야 할지 등을 생각해보라고 했습니다. 아이들은 옥상 바닥이 방수처리가 되어 있어 거칠고, 옥상 난간이 낮아 안전하지 않다고 했습니다. 옥상과 붙어 있는 교실에 소음이 생길 것을 걱정하기도 했습니다.

활용은 워터파크가 가장 많았습니다. 가끔 행사장에서처럼 커다란 물놀이장을 만들자는 것이었습니다. 어떤 아이는 5층 옥상에서 미끄럼을 타고 내려오는 미끄럼틀을 만들자고 했습니다. 계단은 카페와 만화방을 만들자는 의견도 많이 나왔습니다.

프로젝트명	내가 다니고 싶은 학교 설계하기					
관련 과목	국어, 미술, 실과, 창체	학년	6학년	예상차시	30

▣ 프로젝트 수업 아이디어

〈학교 설계하기〉

– 아이들이 꿈꾸는 학교 모습 설계하기

– 현재 학교 시설에 대해 개선하고 싶은 곳 찾아보기

– 공부도 하고 놀이도 함께 할 수 있는 공간 꾸며보기

– 친구들과 함께, 더불어 생활할 수 있는 의미 있는 공동체 만들기

2단계: 탐구 질문과 가상 상황 설정하기

아이들을 건축가나 인테리어 디자이너로, 놀이터 전문가로 설정하여 우리 학교 중간 옥상과 계단 활용 계획을 탐구하도록 했습니다. 특별 출연으로 교장 선생님을 초대하여 사업 설명회를 가지면 더욱 효과적일 것입니다.

3단계: 스토리보드 만들기

스토리보드는 수업 아이디어를 직접 눈으로 볼 수 있도록 구체적으로 드러내 시각적으로 이미지화할 수 있는 작업입니다. 스토리보드에 대한 자세한 내용은 이 책의 5부 '수업을 한눈에 보는 기술: 스토리보드를 활용하라'를 참고하기 바랍니다.

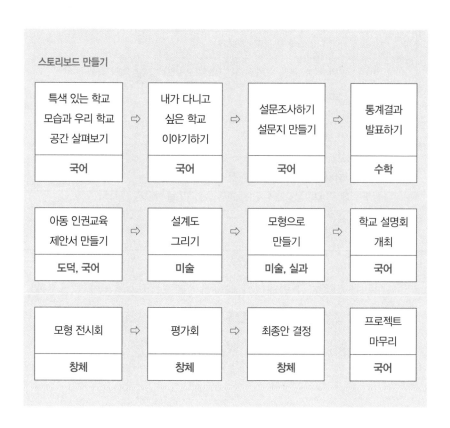

스토리보드 만들기

특색 있는 학교 모습과 우리 학교 공간 살펴보기	내가 다니고 싶은 학교 이야기하기	설문조사하기 설문지 만들기	통계결과 발표하기
국어	국어	국어	수학

아동 인권교육 제안서 만들기	설계도 그리기	모형으로 만들기	학교 설명회 개최
도덕, 국어	미술	미술, 실과	국어

모형 전시회	평가회	최종안 결정	프로젝트 마무리
창체	창체	창체	국어

4단계: 학습 결과물 결정하기

수업하면서 나올 수 있는 학습 결과물을 생각해보는 단계입니다. 프로젝트 수업은 결과물 중심의 수업이라고 해도 과언이 아닙니다. 수업에서 나올 수 있는 학습 결과물을 미리 결정하고 수업에 들어가면 수업이 더욱 구체적으로 다가옵니다. 앞에서도 이야기했지만 단순히 학습 결과물에만 초점을 맞추면 아이들은 프로젝트 수업이 아니라 과제로 인식하기 쉽습니다. 따라서 결과물을 만드는 과정에 비판적 사고력, 문제

해결력, 협동력, 의사소통 능력이 발휘될 수 있도록 해야 합니다. 자기 주도성을 가지고 탐구할 수 있도록 세밀한 기획이 필요합니다.

모둠 or 개인	설문통계, 제안서, 설계도, 설명회 자료, 학교 공간 모형

5단계: 교사의 매핑 – 수업내용 기획하기

성취기준에 맞는 활동을 구체적으로 생각해보는 단계입니다. 교사의 매핑(Mapping)은 수업 차시, 학습 주제, 관련 교과, 성취기준, 교수학습 활동, 평가내용 등을 대략적으로 작성하여 프로젝트 진행과정을 한눈에 볼 수 있도록 하는 작업입니다.

차시	학습주제	관련 교과	성취기준	교수학습활동	평가내용
1–2	내가 꿈꾸는 학교	국어	[6국01–02] 의견을 제시하고 함께 조정하며 토의한다.	프로젝트 수업 동기유발, 특색 있는 학교 모습과 우리 학교 모습 보며 이야기 나누기	
3–4	쑥덕~ 쑥덕~	국어	[6국01–04] 자료를 정리하여 말할 내용을 체계적으로 구성한다.	설문조사지 만들기	자료를 정리하여 말할 내용 구성하기

차시	학습주제	관련 교과	성취기준	교수학습활동	평가내용
5-8	쑥덕~ 쑥덕~	수학	[6수05-04] 자료를 수집, 분류, 정리하여 목적에 맞는 그래프로 나타내고 그래프를 해석할 수 있다.	자료 수집하여 설문 통계 작성, 그래프 만들어서 발표하기	자료를 그래프로 나타내고 해석하기
9-14	우리에게도 인권이 있어요	도덕	[6도03-01] 인권의 의미와 인권을 존중하는 삶의 중요성을 이해하고 인권 존중의 방법을 익힌다.	아동 인권 교육	인권의 의미를 이해하고 인권 존중 방법 알기
		국어	[6국03-04] 적절한 근거와 알맞은 표현을 사용하여 주장하는 글을 쓴다.	다니고 싶은 학교 제안서 만들기	주장하는 글의 특성을 이해하고 주장하는 글쓰기
15-24	헌 집 줄게 새집 다오	미술	[6미02-02] 다양한 발상방법으로 아이디어를 발전시킬 수 있다.	설계도 그리기	다양한 발상 방법으로 아이디어 발전시키고 구체화하기
		실과	[6실05-04] 다양한 재료를 활용하여 창의적인 제품을 구상하고 제작한다.	모형 만들기	다양한 재료를 활용하여 창의적인 제품 제작하기
25-28	소개합니다	창체	학교 공간 설명회를 개최할 수 있다.	학교 공간 설명회 개최 및 모형 전시회	모형 전시회 적극 참여하기
29-30	평가회	창체	친구들과 새로운 학교 공간에 대해 토의할 수 있다.	평가회 및 최종안 결정, 프로젝트 수업 마무리	작품 품평회에 적극 참여하기

6단계: 학생의 매핑 – 마인드맵, 비주얼 씽킹

이러한 매핑 작업은 학생도 해야 합니다. 교과서를 가지고 진행하는 것이 아니기 때문에 프로젝트 수업이나 교육과정 재구성 수업은 학생이 진도를 어떻게 나가는지 모르는 상태에서 시작되기 마련입니다. 그래서 학생도 매핑을 하는 과정이 필요하지요. 자율적으로 하면 좋지만 강제적이고 인위적으로라도 이 작업을 해야 학생도 수업의 전체 흐름과 진행과정을 알 수 있습니다. 학생의 매핑은 주로 마인드맵이나 비주얼 씽킹 같은 방법으로 합니다. 이 작업을 통해 학생이 할 수 있는 것과 없는 것을 교사와 조율할 수 있습니다. 이때 학생이 원하는 것 중 받아들일 것은 프로젝트 수업에 반영하고, 수업에 반영할 수 없는 것은 단호하게 거절하면 됩니다.

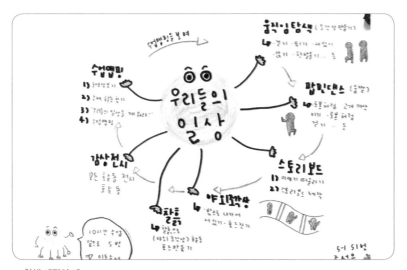

▲ 학생 매핑의 예

7단계: 프로젝트 수업 개념 게시판 만들기

프로젝트 수업에서 교사가 가장 걱정하는 부분은 바로 가르칠 것에 대한 고민입니다. 그래서 도입한 것이 개념 게시판입니다. 개념 게시판은 성취기준과 교과서를 분석하여 꼭 가르쳐야 할 지식이나 개념을 찾아서 그것을 게시하는 것입니다. 교사와 학생은 개념 게시판을 참고해 프로젝트 진행과정 중 꼭 알아야 할 지식이나 개념을 확인하고 빼놓는 것 없이 가르치고 배워야 합니다. 프로젝트 수업이 진행되는 동안 학급 게시판에 게시하고 하나의 개념을 배울 때마다 지워 나가도록 하면 좋습니다.

제안하는 글쓰기 방법, 의사소통의 특성, 자료 정리와 그래프, 매체 활용, 인간과 공간

[수업재료 6] 교육 논문에서 수업 아이디어 금맥 캐기

논문은 수업 아이디어의 보물창고입니다. 요즘 대학원에 진학하는 현직 선생님들이 많습니다. 특히 교육대학에서 대학원을 설립하고부터는 그 증가세가 폭발적으로 늘어나고 있습니다. 자연스레 관련된 논문의 수도 늘어나고 있습니다. 현직 교사의 논문이 늘어남에 따라 논문을 수업에 활용하는 교사도 점점 많아지고 있지요. 현직 교사의 논문은 수업에 직접적으로 활용하기에 좋은 많은 장점을 가지고 있습니다.

첫째, 무엇보다 교사의 눈높이에 맞는다는 점입니다. 현장을 가장 잘 아는 사람이 교사이기 때문에 현직 교사들이 쓴 논문은 수업에 바로 적용해도 손색이 없습니다.

둘째, 무엇보다도 접근성이 뛰어납니다. 인터넷을 검색하면 바로 찾을 수 있습니다. 또 그 자리에서 바로 다운로드할 수도 있습니다. 심지어 대부분의 논문은 무료입니다. 다들 한 번쯤 논문을 검색해본 경험이 있을 것입니다. 논문은 한국교육학술정보원의 학술연구정보센터(www.riss.kr)에서 직접 검색하거나 네이버에서 간단한 키워드를 조합하여 검색하면 네이버 '학술 정보' 분야에서 쉽게 찾을 수 있습니다. 만약 초등학교 사회과에서 음악을 활용한 동기유발이라는 주제를 검색하고 싶다면 '초등 사회 음악 동기유발'이라고 검색하면 됩니다.

셋째, 핀셋 선정이 가능합니다. 논문, 특히 석사 논문의 장점은 무엇보다도 현장성에 있습니다. 게다가 핀셋처럼 필요한 정보만 콕콕 찾아줍니다. 논문은 그 특성상 특정한 주제에 관해서 구체적으로 연구하는 경우가 많습니다. 예를 들어 '영화 장면을 활용한 과학 수업의 효과, 공익 광고를 활용한 국어나 도덕 수업 활용 방안, 광고 텍스트를 활용한 시 쓰기 지도 방안 연구' 등 정말 다양한 수업소재에 세분화되고 독특한 주제로 접근하지요. 심지어는 〈지식채널 e〉와 같이 특정 프로그램을 수업에 활용하는 것까지 있습니다. 지금 학교 현장에서 일어나고 있는 거의 모든 주제가 다 있다고 해도 과언이 아닐 것입니다. 만약 스토리텔링에 관한 내용이나 영화, 혹은 드라마를 수업에 활용하고 싶다면 지금 당장 검색해보길 바랍니다. 이론적 배경과 수업의 실제, 한계점과 의의까지 교사가 알고 싶은 모든 것을 핀셋처럼 콕 집어 찾을 수 있습니다.

경험을 들어 설명해볼까요? 저는 사회 수업에서 동기유발 자료로 누구나 잘 알고 쉽게 부를 수 있는 노래를 사용하고 싶었습니다. 가요도 사용하고 싶고, 동요도 필요했습니다. 수업 아이디어는 좋은 것 같은데 수업에 딱 맞는 음악을 고르는 게 여간 번거로운 일이 아니었습니다. 그렇게 그냥 아이디어에만 그칠 수 있던 것을 수업으로 이끌어준 것이 바로 논문이었습니다. 저의 이런 생각은 〈초등사회과 지리교육을 위한 음악 작품의 선정 및 활용〉이라는 논문을 참고해 수업으로 적용될 수 있었습니다.

음악작품	지리 교육 관련 가사 및 음악 작품 내용		
② 화개장터 (조영남)	전라도와 경상도를 가로지르는 섬진강 줄기 따라 화개장터엔 아랫마을 하동사람 윗마을 구례사람 닷새마다 어우러져 장을 펼치네. 구경 한 번 와보세요. 보기엔 그냥 시골장터지만 있어야 할 건 다 있구요. 없을 건 없답니다. 화개장터 광양에선 삐걱삐걱 나룻배타고 산촌에선 부릉부릉 버스를 타고 사투리 잡담에다 입씨름 흥정이 오순도순 왁자지껄 장을 펼치네. 구경 한 번 와보세요. 오시면 모두모두 이웃사촌. 고운 정 미운 정 주고받는 경상도 전라도의 화개장터		
	선정 기준	선정 기준에 따른 분석	
	교육 과정과의 일치도	4학년 1학기 3–2단원 '교류하며 발전하는 지역'이라는 제재에서 우리 지역과 물자 교류를 하는 지역은 어디이며, 교류하는 까닭은 무엇인지를 알아보는 학습문제와 관련하여 화개장터를 주제로 물자 교류를 하는 지역과 그 까닭을 학습할 수 있으므로 교육과정과 일치함.	◎

음악작품	지리 교육 관련 가사 및 음악 작품 내용		
② 화개장터 (조영남)	아동의 내용 이해도	어려운 노랫말이 사용되지 않아 가사를 쉽게 이해 할 수 있으며, 노래 가사를 통해 화개장터에서 물 자 교류를 하는 지역과 물자를 교류하는 까닭을 이 해할 수 있음.	◎
	아동들의 흥미도	아동들의 흥미도가 높은 대중가요 장르에 속하는 곡으로, 아동들에게는 잘 알려지지 않은 곡이지만 아동들이 좋아하는 경쾌한 템포이며 가사 내용도 이해하기 쉬워 아동들의 흥미도가 높을 것이라 예 상됨.	◎
	교사의 수업설계의 용이성	5분 이내의 짧은 노래로, 인터넷에서 음원 자료를 쉽게 구하여 활용할 수 있음.	◎

출처: 〈초등사회과 지리교육을 위한 음악 작품의 선정 및 활용〉,
경인교육대학교 교육대학원 초등사회과교육전공 김이숙

사실 음악을 활용하여 수업하고 싶어도 교육과정에 부합하는 적당
한 곡이 무엇인지, 이것이 내가 하는 수업과 어느 정도 일치하는지를 확
인하기는 어렵습니다. 또 아이들이 이 노래에 어느 정도 흥미를 보일지
도 가늠하기 힘들지요. 그런데 이 논문에서는 지리학과 관련된 곡목을
대중가요부터 클래식까지 선곡해 놓았으며, 특별히 음악 교과서에 나오
는 곡 중 지리 수업과 관련된 곡을 연결해 놓기도 했습니다. 뿐만 아니라
아동의 이해도와 흥미도까지 분석하여 활용도를 높였습니다.

특히 관심이 가는 것은 지리 교육의 5대 주제 관점에서 본 작품별 내
용, 음악을 활용한 지리 교수 학습 유형 등이었습니다. 넥스트의 〈도시

인〉 뮤직 비디오와 '도시의 생활 모습' 수업은 잘 어울렸습니다. 가사 중에 '허리에 삐삐 차고'라는 내용이 나올 때 드라마 〈응답하라 1994〉의 일부 장면을 같이 보여주며 즐겁게 수업한 경험이 있습니다.

흔히들 논문을 냄비 받침에 비유합니다. 그만큼 쓸모없다고 생각하는 것입니다. 그러나 현장을 가장 잘 아는 현직 교사가 직접 쓴, 현장을 담은 논문은 수업 아이디어를 찾는 교사에게는 그대로 금맥입니다.

11 수업재료를 모아라! 시너지 효과를 누려라!

학교마다의 운영 방식은 다르지만 모든 학교에서 공개수업을 합니다. 당연히 참관자를 위한 수업 지도안이 있습니다. 수업 참관 후 이 지도안은 일회용이 되어 버려지는데, 그 모습을 보면 너무 안타깝습니다. 물론 공개수업이 끝나면 다시는 보고 싶지 않다는 것을 알고 있습니다. 그러나 그래도 가지고 있어야 합니다. 다른 사람의 수업이라도, 다른 학년 수업이라도 이제는 버리지 말길 바랍니다. 이 수업을 내년에는 내가 할 수도 있습니다. 수업 지도안은 훌륭한 수업재료이기도 하니까요.

'구슬이 서 말이라도 꿰어야 보배'라는 말이 있습니다. 그런데 구슬이 있어야 꿰든지 말든지 하지 않을까요? 수업재료는 구슬입니다. 많이 모아서 서 말의 구슬을 만들어야 합니다. 모으고 또 모아서 수업 아이디어의 보물창고로 만들어야 합니다. 컴퓨터에 폴더를 만들어 쌓아두었다가 필요할 때 바로 꺼내 쓸 수 있어야 합니다. 마치 은행처럼 말이지요.

이렇게 교사는 소재나 주제 등을 찾고 만드는 일을 즐겨야 합니다. 좋은 수업주제가 없는지 늘 생각하고 그것을 수업과 구체적으로 연결해 보는 일을 해야 합니다. 설거지를 하면서도 신문을 보면서도 수업재료가 될 것이 있는지 늘 살펴보다가 '될 것 같다' 싶으면 기록으로 남겨 수업의 보물창고에 넣어야 합니다. 이렇게 차곡차곡 쌓인 수업재료는 다음 수업을 위한 디딤돌이 됩니다.

수업재료는 다다익선입니다. 처음 하나는 빈약하지만 이것이 하나둘 모이고 쌓이면 서로 연결됩니다. 이렇게 서로 연결되고, 교차되면서 마치 세포분열을 하듯 선택할 수 있는 경우의 수가 늘어나게 됩니다. 하나 있을 때보다 두 개 있을 때가 훨씬 더 다양한 수업을 할 수 있지요. 수업재료는 각각의 연관성을 가지고 입체적으로 영향을 주고받습니다. 소재가 주제에 영향을 주기도 하고, 학습 결과물이 주제와 소재에 영향을 주기도 합니다. 이들이 서로 어떤 경우의 수로 만나느냐에 따라 다양한 조합이 이루어져 엄청난 시너지 효과를 발휘합니다. 서로 다른 수업재료가 만나 서로 영향을 주고받으며 다양한 수업을 가능하게 해줍니다.

또 하나 수업재료를 모으고 활용하다 보면 수업에 대한 안목이 생긴다는 큰 장점이 있습니다. 척 보면 좋은 수업재료인지, 어디에 어떻게 활용할지 등을 알 수 있게 됩니다. 이처럼 수업재료는 수업을 만드는 근육에 해당합니다. 수업재료를 모으는 것은 수업 근육을 튼튼하게 만드는 작업입니다.

수업의 수직계열화와 수평계열화를 만들어라

기업에서 사업 영역을 확대하는 방식 중에 수직계열화와 수평계열화라는 말이 있습니다. 수직계열화는 제품의 생산에서 유통·판매까지가 하나의 계열을 이루는 것을 말합니다. 자동차를 예로 든다면 자동차를 생산하는 회사가 자동차 운송, 판매하는 회사까지 모두 가지고 있으면 수직계열화를 이루었다고 합니다. 현대자동차의 경우 자동차에 들어가는 제철에서부터 생산, 운송, 금융, 물류까지 모두 계열화하여 운영하고 있습니다.

반면에 수평계열화도 있습니다. 수평계열화는 수직계열화와 달리 서로 관련성이 없는 사업을 영위하는 것을 말합니다. 예를 들면 CJ의 경우 식품 서비스 분야와 인터넷, 엔터테인먼트, 영화관 등 비교적 연관성이 적은 분야를 가지고 있습니다.

기업 입장에서 수직계열화와 수평계열화는 각각 장단점이 있습니다. 수평으로 계열화하면 위험을 분산시키며 사업을 다각화할 수 있지만 사업 역량을 집중하지 못한다는 단점이 있습니다. 수직계열화는 그 반대로, 서로의 장점이 그대로 서로의 단점이 됩니다.

그럼 수업은 어떨까요? 수업에서의 수직계열화는 하나의 수업방법이나 교수법에 대해 단계별로 심층적으로 알고 있고, 그것을 수업에 적용하는 것이라고 말할 수 있습니다. 또 수업의 소재, 주제, 내용 등을 모두 가지고 있다는 것을 의미합니다. 반면에 수평계열화는 거꾸로 교실, 하브루타, 토론·토의, 프로젝트 수업, 슬로리딩, 비주얼 씽킹 등 다양한 수업방법을 많이 알고 있다는 뜻입니다.

이것저것 조금씩 다양하게 할 것인가? 하나에 집중할 것인가? 수업을 딱 보면 요샛말로 '견적이 나오는' 선생님이 있습니다. 수업주제나 내용을 한번 쭉 훑어보면 바로 수업을 만들어내는 선생님 말입니다. 이런 선생님은 수업 형태에 대한 다양한 지식을 가지고 있어 수업에 대한 이해가 빠르고 이를 수업으로 잘 연결할 줄 아는 것입니다. 수업의 수직화와 수평화를 모두 이루었다고 볼 수 있습니다. 수업의 수직계열화와 수평계열화는 결국 수업 자산을 어떻게 얼마만큼 많이 가지고 있느냐에 관한 이야기일 것입니다. 교사는 수직이든 수평이든 자산 규모를 늘려야 합니다.

규모의 경제학이라는 말처럼 수업에서도 어느 정도 규모의 경제가 필요합니다. 모으고 모아서 수업에도 규모의 경제를 이룩해야 합니다. 그래야 수업을 빨리 쉽게 만들 수 있습니다. 수업의 자산을 늘리는 것은 다양한 수업을 빠르고 효과적으로 할 수 있는 능력을 갖추었음을 의미합니다.

자산은 늘리되 문어발식 수업은 좋지 않습니다. 수업에서 규모의 경제학이라는 것은 결국 수업에 대하여 교사가 가지고 있는 자산이 풍부하다는 의미입니다. 그러나 자산이 많다고 하여 과잉 투자를 해서는 안 됩니다. 어떤 분야든 경계가 필요합니다. 교사가 가지고 있는 자산은 적재적소에 투자되는 것이 최선이며, 너무 욕심을 부리면 망하는 수가 있습니다. 경험으로 볼 때 자료를 너무 많이 투자한 수업치고 성공한 수업이 없었습니다. 저의 과욕일 뿐이었죠. 오히려 약간 모자라다 싶을 정도로 부족함을 느낄 때 수업이 잘 되는 경우가 더 많았습니다. 또 많은 자료를 준비한다고 수업시간에 다 써 먹는 것도 아니었습니다.

수업에 자산을 많이 사용하면 정해진 시간 안에 해야 할 것이 많은 교사는 마음이 급해 서두르게 되고 신기하게도 아이들은 그것을 눈치챕니다. 많이 있으니 많이 실천하기보다 많이 알고 있지만 적게 사용하는 연습을 해야 합니다. 때론 하나만 편식해서 가르치는 것도 문제지만 뷔페식으로 수업을 차려 놓는 것도 문제입니다. 뷔페 음식은 기대보다 맛이 없거나 딱히 기억나지 않는 경우가 대부분이었던 경험이 다들 있을 테니 이해하리라 믿습니다.

교과서를 보는 새로운 시각,
교과서를 활용한 교과서 재구성 이렇게 시작해보세요!

4부.

평범한 수업을
특별한 수업으로 만드는
교과서 수업 7단계 전략

그렇다고 교과서를 버리란 말이냐?

교과서는 여기저기서 비판을 받습니다. 일률적인 수업의 주범이고, 암기 위주 교육의 상징이며, 창의성과는 거리가 멀어 보입니다. 교과서는 가르쳐도 문제, 안 가르쳐도 문제입니다. 가르치면 교과서 위주의 수업을 한다고 비판받고, 안 가르치면 아이들 성적은 어떻게 하느냐고 걱정을 듣습니다. 때론 교과서를 빙자해 은근히 교사를 비난하는 경우도 있습니다. 교과서와 교사를 하나로 보는 거지요. 교과서가 있어서 교사가 수업 연구를 소홀히 한다든가 교과서가 교사의 전문성을 떨어뜨리는 역할을 한다고 말합니다. 새로운 교육 사조를 받아들이지 못하는 사람을 교과서만 파는 고리타분한 사람으로 몰아세우기도 하지요.

사실 교과서를 매일 가르치는 교사도 교과서 이야기가 나오면 마음이 불편하기는 마찬가지입니다. 교과서와 교사를 향한 비난을 애써 외면해보지만 교과서 수업을 한다는 미안한 마음에서 자유로울 수는 없지요. 교과서 수업을 하는 자신이 뒤처지는 것만 같은 생각에 자괴감이 들기도 합니다. 언제인가부터 아이들에게 "책, 펴." 하면서도 꺼림칙합니다. 뭔가 해결책을 찾으려 가끔 교육과정 재구성 연수에 이리저리 기웃거려 보지만 뾰족한 수가 생기진 않습니다. 교육과정을 재구성하려고 해도 엄두가 나지 않기는 마찬가지니까요.

교과서는 현실입니다. 아무리 수업에서 교육과정 재구성을 강조한다고 하더라도 냉철하게 보면 수업에서 교과서의 비중은 절대적인 우위를 차지하고 있다고 할 수 있습니다. 교육과정 자체가 커다란 빙산이라면, 교육과정 재구성 수업은 겉으로 드러난 빙산의 일각 정도일 뿐입니다. 반면에 교과서 수업은 바다 밑에 잠겨 드러나지 않은 거대한 빙하라고 봐도 과언이 아닐 겁니다.

교육과정 재구성은 수면 위의 빙산처럼 자신감 있게 드러내고 당당하게 말합니다. '나, 교육과정 재구성이야'라고 말이지요. 하지만 교과서 수업은 비판이 너무 심하다 보니 '나, 교과서 수업해요'라는 말조차 꺼내기 조심스럽습니다. 바닷속에 잠긴 듯이 조용합니다. 하지만 현실은 상당수의 교사가 교과서 수업에 의존하고 있다는 것입니다. 이 사실은 누구도 부정할 수 없을 것입니다. 상황이 이렇다면 현실을 인정하고 많은 교사가 의존하고 있는 교과서 수업을 어떻게 하면 더 나은 수업으로 만들지를 고민해야 되지 않을까요?

교과서를 냉철하게 확인해본 적이 있나요? "교과서가 왜이래?"라는 말을 많이 듣습니다. 따지고 보면 교과서는 원래 그럴 수밖에 없습니다. 교과서는 내가 아닌 다른 사람이 만든 것이기 때문에 완벽하게 내 마음에 들 수 없습니다. 교과서에는 나의 이야기가 빠져 있고, 비교적 오래된 이야기이며, 표준화되어 있습니다. 보편성을 지향하다 보니 교과서 속 이야기는 현실과는 맞지 않고 심리적이나 물리적으로 거리감이 있습니다. 교사라고 교과서가 마냥 좋은 것만은 아닙니다. 교과서 수업은 남이 만들어 놓은 조각상에 나의 입김으로 생명을 불어넣는 일에 비유됩니다. 마치 감정이 없는 로봇에 감정을 불어넣는 일이라고나 할까요?

교과서 수업의 단점은 명확합니다. 그러나 단점이 있다고 해서 아무런 대책 없이 무작정 버릴 수는 없습니다. 교과서 수업의 단점은 교사가 극복해야 할 과제임에는 틀림없지만 교과서가 가지고 있는 장점도 분명히 있습니다. 교과서는 안정적인 체계와 지도 요령 그리고 무엇보다도 검증된 자료입니다. 교과서의 장점을 활용하고 부족한 점은 보완해가면서 교과서와 동행하는 방법을 선택하면 어떨까요? '4부. 평범한 수업을 특별한 수업으로 만드는 교과서 수업 7단계 전략'에서는 교과서 수업에 대한 대안을 같이 생각해보고자 합니다.

[1단계 전략] 교과서의 단점을 인정하라

혹시 '하루살이 수업'이라는 말을 들어본 적이 있나요? 바쁘게 쫓기듯 수업을 마치고 아이들이 집으로 돌아가면 교실에 진공 같은 정적이 찾아듭니다. 교실을 정리하고 책상에 앉았을 때 잠깐 찾아오는 달콤한 시간에 드는 생각, '아! 오늘도 하루살이 수업을 했구나.' 한 차시 한 차시를 그때그때 준비하고 그때그때 가르치다 보니 자연스레 드는 생각입니다.

'오늘 수업 뭘 할까?'

교과서 중심으로 수업하다 보면 아무래도 교과서 차시별로 수업하게 됩니다. 차시별 수업은 교과서 수업의 최대 장점이자 동시에 최대 단점이라고 할 수 있습니다. 차시별 수업은 식단이 이미 정해져 있는 코스요리와 같아서 예측 가능한 수업을 바로바로 준비할 수 있다는 장점이 있습니다. 처음부터 끝까지 정해진 코스가 있으니 그대로 달려가기만

하면 되는 것이지요.

교과서 수업은 교과서에 제시된 차시별로 진도가 나갑니다. 40분으로 정해진 한 차시 한 차시를 하다 보면 교사의 생체리듬마저 차시별 수업에 맞춰집니다. 수업을 대하는 교사의 의식과 행동에도 많은 영향을 줍니다. 차시별 수업은 알게 모르게 교사의 일부분이 되어 있습니다. 다음은 차시별 수업이 교사에게 주는 영향을 정리한 것입니다.

첫째, 차시별 수업은 교사의 시선을 차시에 머물게 합니다. 교사의 시야를 한 곳에 가두는 역할을 하는 것입니다. 수업을 준비하는 교사도 수업을 차시별로 생각하고 준비합니다. 교사의 수업에 대한 생각 또한 모두 차시 중심으로 이루어집니다. 이번 차시에는 무엇을 할지, 어떤 활동을 할지, 무엇을 가르쳐야 할지를 모두 차시 중심으로 생각하고, 차시별로 수업을 구성합니다. 수업시간에 하는 활동의 내용이나 종류도 40분이라는 시간에 가두어 버립니다. 필연적으로 교사는 학습의 내용이나 활동을 한 차시에 적당한 것으로 선택하게 됩니다.

둘째, 차시별 수업은 분절적으로 끊어지며 진행됩니다. 한 차시의 학습목표를 충족하면 되기 때문에 그 한 차시에 모든 것을 해결하려는 경향이 있습니다. 수업은 한 차시가 전체와 어우러지는 맥락이 있어야 합니다. 그러나 분절된 수업에서는 한 차시 한 차시 그 자체가 목적이 됩니다. 따라서 수업은 맥락을 잃은 채 분절되고 고립되어 갑니다.

셋째, 차시별 수업은 교사에게 능동적인 면보다는 수동적인 면을 강조하게 됩니다. 교과서는 주어지는 것입니다. 따라서 교사의 능력을 '주어진 것을 얼마나 잘 전달하느냐'에 한정시켜 버립니다. 자신의 콘텐츠를 만들기보다는 주어진 것을 어떻게 가르칠지에 대해 더 많이 고민하게 만듭니다. 따라서 새로움(NEW)보다는 어떻게(HOW)를 더 중요하게 생각하게 됩니다.

이제는 차시별로 진행하는 수업 문화를 바꿔야 할 때가 되었습니다. 비록 교과서가 차시 중심으로 구성되어 있다고 하더라도 수업의 기본 틀을 잡을 때는 차시 중심의 생각에서 벗어나 수업을 전체적으로 조망할 필요가 있습니다. 적어도 '오늘 수업 뭘 할까?'에서 벗어나 '이번 단원에서는 뭘 할까?' 정도의 변화라도 필요합니다. 교과서 수업을 하나하나 분절된 낱개의 학습목표로 보는 것이 아니라 단원에서 추구하는 하나의 학습목표로 보고 한 차시 수업을 기획하는 것입니다. 전체와 부분을 고려한 수업을 할 수 있어야 합니다. 각 차시별 학습목표를 어떻게 하나의 일관된 단원 학습목표로 이어가느냐를 고민해야 합니다. 교과서 수업도 전체적으로 조망하고 학습목표 하나하나를 유기적이고 입체적으로 살펴볼 필요가 있습니다.

[2단계 전략] 단원을 분석하고, 수업의 흐름을 읽어라

모든 수업은 논리적인 흐름을 가지고 있습니다. 기승전결의 서사 구조로 되어 있지요. 논리적인 흐름이 완벽하면 좋은 수업이 되고, 그렇지 못하면 어색하고 부자연스러워집니다. 교과서 역시 마찬가지입니다. 교과서 편찬자도 자신의 논리의 흐름에 따라 차시를 배치했습니다. 교과서 수업을 하려면 이러한 교과서 편찬자의 논리적 흐름을 이해할 필요가 있습니다. 지피지기(知彼知己)라는 말이 있듯이 교과서의 논리적인 흐름을 알아야 교과서를 나의 흐름으로 가져올 수 있을 것입니다. 먼저 교과서의 논리적인 흐름을 읽어보세요. 논리적인 흐름을 읽는 것은 수업을 보는 망원경이라고 할 수 있습니다. 다음은 5학년 1학기 국어 5단원 교사용 지도서의 일부입니다.

▼ 5. 대상의 특징을 살려

단원	단원 성취기준	단원 학습목표	차시 학습목표 및 '국어 활동' 학습요소		학습 성격
5. 대상의 특성을 살려	쓰기(3) 적절한 설명 방법을 사용하여 대상의 특징이 드러나게 글을 쓴다. 문법(1) 발음과 표기, 띄어쓰기가 혼동되는 낱말을 올바르게 익힌다.	적절한 표현과 설명 방법을 사용하여 글을 쓸 수 있다.	국어	1-2. 대상의 특성에 따라 적절히 설명하는 방법을 안다.	이해 학습
				3-4. 대상의 특성이 드러나게 설명하는 글을 쓸 수 있다.	적용 학습
				5-6. 올바른 띄어쓰기 방법을 안다.	이해 학습
			국어 활동	7-8. 우리 고장의 문화유산 소개서를 만들 수 있다.	실천학습

이 단원의 논리적인 흐름을 읽어보도록 하겠습니다. 이 단원은 총 8차시이며, '학습 성격'의 구성이 이해→적용→이해→실천 학습 과정을 거치는 것으로 되어 있습니다. 일반적인 흐름은 이해→적용→실천으로 구성되어 있는데, 이 단원의 경우는 가운데에 이해 학습이 하나 더 있습니다. 저의 논리적인 흐름으로 본다면 '대상의 특성에 맞게 설명하는 방법'을 알고, '이를 적용하여 연습하는 글을 써보고', 마지막 실천 학습으로 '우리 고장의 문화유산 소개서'를 만들어보는 흐름이 더 자연스럽습니다. 그런데 이 단원은 5-6차시에 문법 영역인 '띄어쓰기'가 있어 저의 논리적인 수업의 흐름을 방해하고 있었습니다.

수업은 물 흐르듯 자연스럽게 흘러가야 합니다. 개념을 이해했으면 그것을 적용해서 연습하고 실제로 실천해보는 것이 자연스러운 흐름이고, 아이들도 배운 것을 바로 실천해보고 싶은 마음이 들게 마련입니다. 그런데 이 단원 중간에 생뚱맞은 이해 학습, 그것도 문법 영역이 끼어들어 논리적인 흐름을 방해하고 있습니다. 따라서 이 5-6차시는 저의 논리적인 흐름에 맞지 않습니다. 교과서지만 실제로 수업을 진행할 교사인 나의 흐름에 맞게 재구성할 필요가 있습니다.

[3단계 전략] 교과서 수업의 장점, 가르쳐야 할 것을 빼먹지 마라

　선생님은 단원 분석을 하면서 무엇부터 보시나요? 저는 가르칠 것부터 먼저 파악합니다. 교과서 수업은 지식 위주의 수업이라는 비판을 많이 받습니다. 이제는 시대가 바뀌어 암기 위주의 지식 교육은 필요 없다고들 합니다. 인공지능이 발달하여 암기는 인공지능이 다 알아서 해줄 거라고들 합니다. 더 이상 지식을 배우는 것은 쓸모없다고도 말합니다. 그러나 저는 그 말 모두에 동의할 수는 없습니다.

　4차 산업혁명 시대가 오고 아무리 세상이 바뀐다고 해도 여전히 암기 교육은 유효하고, 지식 교육은 꼭 필요하다고 믿습니다. 검색하면 다 나온다고 하지만 뭘 알아야 검색도 하지 않을까요? 검색하는 데 필요한 키워드를 넣을 줄 알아야 하고, 검색되어 나오는 결과의 옥석을 가릴 줄도 알아야 합니다. 지식 중심의 교육이 문제지 지식 자체가 문제가 되는 것은 아닙니다. 최소한의 지식은 꼭 필요합니다. 여전히 아는 것은 힘입니다. 역량을 강조하면서 그 역량을 수행할 수 있는 지식이나 개념을 소홀히 한다는 것은 어불성설이라고 생각합니다. 역량을 극대화하기 위해서라도 지식과 개념의 이해는 꼭 필요합니다. 교과서 수업의 가장 큰 장점이 바로 이 지점이기도 하고요. 지식을 가르치기 위해서는 교과서에 이해 학습으로 제시되어 있는 부분을 잘 살펴보아야 합니다.

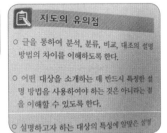

단원을 분석하여 무엇을 가르쳐야 할지를 분명하게 정리해야 합니다. 실제로 교과서 단원을 분석해보겠습니다. 이 단원에서 꼭 알아야 할 개념은 1–2차시와 5–6차시에 제시하고 있습니다. 단원에서 알아야 할 개념과 지식은 다음과 같습니다.

차시: 1–2차시

학습목표: 대상의 특성에 따라 적절히 설명하는 방법을 안다.

가르칠 것 1. 설명하는 방법의 종류와 특성 알기–분석, 분류, 비교, 대조

가르칠 것 2. 설명하는 방법의 특성과 원리 이해

가르칠 것 3. 대상의 특성에 따라 설명 방법을 적용하여 글을 조직하는
　　　　　　방법

차시: 5-6차시

학습목표: 올바른 띄어쓰기 방법을 안다.

가르칠 것 1. 띄어쓰기 필요성

가르칠 것 2. 띄어쓰기 규정 이해

가르칠 것 3. 띄어쓰기 규정 익히기

5-6차시는 띄어쓰기에 관한 내용으로, 국어 문법 영역입니다. 문법 영역에서는 가르칠 범위와 영역 설정을 명확하게 할 필요가 있습니다. 너무 넓고 세세하게 가르치면 아이들이 어려워하기 때문입니다. 이 단원에서는 '열거하는 낱말 띄어쓰기, 단위를 나타내는 낱말 띄어쓰기, 의존명사 띄어쓰기'로 범위를 한정했습니다. 문법 영역의 경우 범위를 한정하고 들어가지 않으면 교사는 '수업을 하는 도중'에 어디까지 다루어야 할지 고민하게 되고, 그러다 보면 때로는 초등학교 수준을 벗어나는 경우도 종종 발생합니다. 따라서 문법 영역의 경우 반드시 가르칠 범위를 확정하고 수업에 들어가야 합니다.

문법 영역의 경우 저는 직접 교수법을 사용하여 직설적으로 가르칩니다. 경험으로 볼 때 문법 영역의 경우 직접 교수법을 사용하는 것이 더 효과적이었습니다. 교사의 메시지가 명확할 필요가 있다는 것을 깨달았습니다. 귀납법으로 여러 활동을 하고 그것을 바탕으로 추론하는 것보다 연역법으로 "이것은 이거야. 이것은 이렇게 띄어 써야 해."라고 말하고 개별적인 것을 확인해 나가는 방법이 다른 영역은 몰라도 적어도 문법 영역에서만큼은 더 효과적이라는 생각입니다. 귀납법으로 수업하다 보니 어정쩡한 배움이 일어나서 오히려 아이들이 더 많이 헷갈려 했습니다. 그래서 저는 전략적으로 문법에서는 직설적으로 가르치는 직접 교수법을 선택하여 사용합니다. 가능한 한 짧은 시간에 임팩트 있는 강렬한 수업을 합니다. 어찌 보면 지식 위주의 암기식 수업이라는 비난을 받을지도 모르겠지만요.

교과서 수업의 장점은 뭐니 뭐니 해도 가르칠 것을 빼놓지 않고 가르칠 수 있다는 것입니다. 만약 이 단원을 교과서가 아닌 성취기준으로만 수업한다면 어떤 일이 생길까요? 이 단원과 관련된 성취기준은 다음과 같습니다.

쓰기(3) 적절한 설명 방법을 사용하여 대상의 특징이 드러나게 글을 쓴다.
문법(1) 발음과 표기, 띄어쓰기가 혼동되는 낱말을 올바르게 익힌다.

앞에서 성취기준으로 수업할 때 유익할 점에 대해 말했던 것을 기억하나요? 이 단원에서도 마찬가지입니다. 만약 이 성취기준대로 수업한다면 아주 경험이 많아 교과서를 꿰뚫어 보지 못하는 이상 분석, 분류, 비교, 대조의 설명 방법을 가르쳐야 한다는 사실을 발견하지 못할 것입니다. 교과서는 이러한 성취기준을 보완해주는 역할을 합니다. 앞에서도 말했지만 교과서를 버리기보다는 활용하고, 성취기준으로 교육과정 재구성을 한다고 하더라도 교과서의 이러한 지식이나 이해 영역은 상호 보완적인 관점에서 접근해야 할 것입니다.

[4단계 전략] 수업을 그룹화하고, 교과서 수업을 재구성하라

단원의 논리적인 흐름을 읽었다면 다음은 그것을 바탕으로 나의 흐름에 맞게 교과서를 재구성할 차례입니다. 교사는 각자의 논리로, 각자의 패턴으로 수업을 합니다. 교과서를 재구성하기 위해서는 먼저 교사인 나의 논리와 교과서 논리에서 수업의 흐름이 어떻게 나타나는지를 살펴봐야 합니다. 전체적으로 조망하면서 흐름을 방해하는 것이나 나의 패턴에 맞지 않는 것을 따로 떼어낼 수 있어야 합니다. 내가 좋아하는 스타일의 수업을 할 수 있는지, 내가 가지고 있는 수업재료와 맞는지 등을 분석하여 교과서를 나의 논리적인 체계 안으로 끌어들여야 합니다.

흐름을 방해하는 요소를 찾아라.

버릴 건 버리고, 옮길 건 옮겨라.

교과서를 활용할 부분과 그렇지 않은 부분을 분류하라.

강의식으로 할 부분과 그렇지 않은 부분을 분류하라.

대체할 것과 보완할 것을 생각하라.

앞의 수업에서 5-6차시는 교과서를 만든 사람과 교사인 '나'의 논리적인 흐름이 맞지 않았습니다. 따라서 이 부분을 어떻게 해야 할지 고민해야 합니다. 같은 단원 내에서 순서를 옮기거나 다른 차시와 합쳐서 더부살이 수업을 할 수 있으면 다행이지만 만약 그런 것이 여의치 않으면 적당한 다른 단원으로 옮기거나 아주 떼어내 독립적으로 수업해야 합니다. 이 단원의 경우 다행히 7-8차시에 있는 '문화유산 소개서'를 쓴 후 그 내용을 퇴고하는 형식으로 '올바른 띄어쓰기'를 진행해도 될 것 같은 느낌이 들었습니다. 그래서 7-8차시 수업을 앞으로 당기고 5-6차시 문법 수업을 7-8차시에 쓴 글을 자료로 활용하여 띄어쓰기를 가르치기로 했습니다.

이렇게 분석한 수업은 차시별로 같은 내용으로 묶어 그룹화시키고, 스토리보드를 만듭니다. 교과서 수업은 이미 수업의 전개가 차시별로 잘 되어 있기 때문에 수업을 그룹화하거나 스토리보드 만들기가 비교적 간단합니다. 간단하게 수업의 줄거리를 생각하며 수업의 흐름을 시각화하는 정도로 생각하면 됩니다. 저의 논리적인 체계에 맞게 흐름을 정리하면 다음과 같습니다.

1-2. 대상의 특성에 따라 적절히 설명하는 방법을 안다.

3-4. 대상의 특성이 드러나게 설명하는 글을 쓸 수 있다.

5-6(7-8). 우리 고장의 문화유산 소개서를 만들 수 있다.

7-8(5-6). 올바른 띄어쓰기 방법을 안다.

다음은 수업을 그룹화할 차례입니다. 위 수업은 성격에 따라 2, 3, 4 그룹으로 만들 수 있습니다. 처음에는 4그룹으로 되어 있습니다. 이것을 3그룹으로 만들면 1-2차시, 3-6차시, 7-8차시가 될 수 있고, 2그룹으로 만들면 1-6차시, 7-8차시로 나눌 수 있습니다. 수업을 블록타임으로 운영한다면 4그룹으로 나누어 운영하는 것이 좋겠지요. 아니면 일주일에 하루 6교시 전체를 '국어 데이'로 운영할 수도 있습니다. 그럴 경우 1-6교시까지 모두 국어 수업을 하고 다음날 7-8차시를 운영하면 될 것입니다. 어떻게 그룹 짓느냐에 따라 수업 운영도 달라집니다. 수업 운영면에서 본다면 하루 6교시 전체로 수업하는 것이 가장 편합니다. 각 차시별로 따로 동기유발이나 정리 활동을 하지 않아도 되니까요. 그러나 아이들이 지루해할 수도 있다는 단점이 있습니다. 한 차시 한 차시씩 한다면 반대의 결과가 될 수 있습니다.

수업을 그룹화한다는 것은 수업 운영 방식을 결정짓는 것입니다. 이때 꼭 생각해야 하는 것이 바로 수업 시수의 결정입니다. 수업을 하루에 몰아서 할지, 2차시씩 운영할지, 아니면 하루에 1시간씩 운영할지 결정해야 합니다. 수업 시수 배당은 수업의 흐름을 생각하여 유연하게 이루어져야 합니다.

[5단계 전략] 적절한 수업소재가 수업을 살린다

이번에는 적절한 수업소재를 찾아 적용해보는 단계입니다. 소재는 교과서 수업의 핵심이며, 수업의 70-80퍼센트를 좌지우지한다고 해도 과언이 아닙니다. 적당한 소재를 찾으면 그 수업은 술술 잘 풀리기 마련입니다. 교과서 수업에 적당한 소재를 찾기 위해 몇 가지 주의할 점이 있습니다.

첫 번째, 교과서 수업을 위한 수업소재는 교과서의 단점을 보완할 수 있어야 합니다.

두 번째, 교과서에서 벗어나야 합니다. 아이러니하지만 교과서 수업을 제대로 하려면 교과서 밖의 소재에 관심을 두어야 합니다. 교과서 내에서 찾으면 소재가 한정되고, 제한된 범위 내에서 수업소재를 찾다 보면 교사의 생각 또한 제한되기 때문입니다. 따라서 교과서 밖에서 교과서를 잘 구현해줄 수 있는 소재를 찾는 것이 좋습니다.

세 번째, 교과서 수업도 주제를 정해야 합니다. 교과서 수업을 전체적으로 조망하고 거기에 가장 알맞은 주제를 정합니다. 주제 중심 교육과정 재구성처럼 말이지요. 적당한 주제가 정해지면 수업을 구성하기가 쉬워집니다. 특정 주제가 생기면 그 주제에 관련된 여러 아이디어가 연관되어 나오기 마련이거든요. 교과서 역시 하나의 주제로 생각하고 수업소재를 찾을 수 있습니다. 아니면 주제 중심으로 보아야 합니다.

네 번째, 주제에 맞는 적절한 수업소재를 찾아야 합니다. 적절한 소재를 찾기 위해서는 평소 교사의 관심과 그동안 모아두었던 수업 관련 보물창고, 지금까지의 수업 경험 등을 총동원하여 알맞은 것을 찾습니다. 이때 평소에 모아두었던 수업자료 보물창고가 그 위력을 발휘합니다. 평소에 수업자료를 많이 모아 놓았다면 그만큼 빨리 찾을 수 있겠지요.

계속해서 소개하고 있는 '5학년 국어 5단원. 대상의 특성을 살려' 수업 역시 적절한 수업소재를 찾기 위해 본 단원과 비슷한 수업을 한 경험이 있었는지, 아니면 공개수업에서 본 적이 있었는지, 읽은 책 중에서 교과서 텍스트를 대신할 만한 재미있는 것이 있었는지 등 여러 방면으로 생각해보았습니다. 그러다가 좀 더 구체적으로 스토리보드 형식의 수업을 떠올렸습니다.

'애들은 먹는 걸 좋아하니까 음식을 보여주고 분석, 분류, 비교, 대조해보라고 할까? 요즘 먹방이 유행인데 여러 종류의 먹방을 보여주고 보여준 방송을 비교, 대조, 분석, 분류 중에서 어떤 방법으로 설명하고 있는지 설명하는 방법을 사용해 설명해보라고 할까? 먹방을 종류별로 분석해보라고 할까?'

수업소재는 교사가 좋아하는 것이 제일 좋다고 생각합니다. '테돌이'라고 불릴 정도로 텔레비전을 좋아하는 저는, 텔레비전 프로그램을 수업에 도입해서 몇 차례 성공한 이후로는 '교재 연구'라는 미명하에 떳떳하게 텔레비전을 시청합니다. 사실 교사이기에 텔레비전을 볼 때도 수업에 도움이 되거나, 될 만한 프로그램을 골라서 보기는 합니다. 드라마를 볼 때면 국어 교과서 텍스트를 대체할 것이 있는지 주의해서 봅니다. 또 예능 프로그램은 방송 포맷을 눈여겨봅니다. 예능 프로그램의 방송 포맷을 잘 적용하면 훌륭한 프로젝트 수업으로 탄생할 수도 있기 때문입니다. 방송 프로그램을 보면서 요즘 트렌드도 눈여겨보고, 때에 따라서는 수업에 적용할 수도 있고, 무엇보다 재미있어서 일과 휴식과 교재 연구를 동시에 즐기는 편입니다.

또 저는 영화에도 관심이 많습니다. 평소 국어나 사회, 프로젝트 수업 도입 부분에 주제와 관련된 영화를 많이 사용합니다. 가끔 영화를 중심으로 수업하기도 합니다. 영화는 시대상이나 인물의 갈등 등 수업에 활용할 요소가 많습니다. 단순히 오락이나 흥미를 넘어 수업소재에 있어서는 종합선물세트와 같습니다. 영화의 최신 정보를 얻기 위해 지상파 방송 3사의 영화 소개 프로그램을 챙겨보는데, 새로운 영화 소식도 알고 수업에 활용할 것도 찾을 수 있습니다. 이 수업을 생각할 때도 영화 소개 프로그램을 볼 때였습니다. 텔레비전을 보면서 '비교, 대조, 분석, 분류를 가장 잘 나타나는 소재가 뭐가 있을까?' 이런 생각을 하다가 문득 좋은 아이디어가 떠올랐습니다.

'그래, 저 프로그램을 수업에 적용해보자!'

그래서 도입한 수업소재가 바로 방송 3사의 영화 소개 프로그램입니다.

▲ SBS 〈접속무비월드〉

▲ KBS 〈영화가 좋다〉

◀ MBC 〈출발비디오여행〉

영화 소개 프로그램의 기본 포맷은 영화를 소개하는 형식입니다. 새로운 영화가 나오면 그 영화를 분석해서 실패한 영화는 왜 실패했는지, 어떤 점을 눈여겨보아야 하는지 등 다양한 방법으로 설명합니다. 교과서에 나오는 설명 방법인 비교, 대조, 분석, 분류가 모두 이 프로그램에 사용되는데, '신작 소개' 같은 코너는 분석을, '영화 대 영화'나 '1+1'은 비교와 대조의 방법을 장르별로 분류해서 설명합니다. 수업에서 요구하는 모든 요소가 프로그램에 들어 있더군요.

1－2차시에는 교과서를 중심으로 개념 이해 중심 수업을 했습니다. 그리고 영화 소개 프로그램을 보여주고, 어떤 설명 방법을 사용하고 있는지 아이들이 확인하도록 했습니다. 3－6차시 수업은 우리도 영화를 소개하는 프로그램을 만들어보자고 했습니다. 이름 하여 '우리도 영화가 좋다' 프로젝트입니다. 모둠끼리 새로운 영화를 소개하거나 '영화 대 영화' 코너 같은 것을 만들어보는 프로젝트입니다. 아이들은 이미 익숙한 방송 포맷이기 때문에 별다른 설명이 없이도 역할을 나누어 한 편의 영화 소개 프로그램 대본을 만들 수 있었습니다. 물론 시간이 더 있었더라면 미술이나 다른 교과와 연계하여 영화 포스터 패러디나 영화 소개 프로그램을 UCC 형식으로 발전시켜 나갈 수도 있었을 것입니다. 그렇지만 이 수업은 이 정도에서 마무리하기로 했습니다.

이렇게 수업소재의 선택은 전적으로 교사의 재량입니다. 소재는 교사의 철학이나 선호도, 개인적인 성향이 가장 잘 드러나는 곳이기도 합니다. 평소에 교육과정에 대해 관심을 가지고 자신이 하고 싶은 일을 하면 그 속에서 수업소재를 발견할 수 있습니다. 교사 경험이 중요하다는 말을 많이 합니다. 일상의 다양한 경험이 수업에서 발휘되기 가장 좋은 곳이 바로 이런 수업소재입니다. 그러나 여러 번 강조하고 있지만 이러한 소재도 교육과정을 알지 못하면 발견할 수 없습니다. 좋은 소재는 관심과 앎에서 얻을 수 있다는 걸 꼭 기억하세요.

06

[6단계 전략] 교과서와 나의 수업소재, 치환의 기술을 높여라

앞에서 영화 소개 프로그램을 이용해 교과서 내용을 수업한 것을 예로 들었는데, 저는 이렇게 수업하는 것을 '수업의 치환'이라고 말합니다. 교과서 내용과 흐름을 그것과 유사한 것으로 통째로 바꾸는 것이지요. 이 수업의 경우, 교과서에서 말하려는 것과 구성이 방송 프로그램과 완벽하게 일치한다고 생각했습니다. 그래서 영화 소개 프로그램의 포맷을 이용하여 교과서 수업을 한 것이지요. 교과서와 방송 프로그램을 그대로 바꿔치기한 것입니다. 저는 방송 프로그램 포맷을 많이 사용합니다. 방송 프로그램 포맷은 우리가 생각하는 것보다 수업에 활용하기에 좋은 여러 장점을 가지고 있습니다.

첫 번째, 아이들의 이해가 빠릅니다. 별도의 설명 없이도 프로그램 이름만 대면 어떻게 하는지 잘 알고 있습니다. 예능 프로그램의 경우 교사보다 프로그램 정보를 훨씬 잘 알고 있어 설명하는 게 아니라 오히려 물어볼 때도 있습니다.

두 번째, 선택의 폭이 넓습니다. 다양한 채널에서 다양한 예능 프로그램이 방송되고 있고 그 종류 또한 많습니다. 선택의 폭이 넓다는 것은 그만큼 다양하게 수업에 활용할 수 있다는 말과 같습니다.

세 번째, 수업하기 전에 전 과정을 눈으로 직접 확인할 수 있으니 수업을 구상하기가 편합니다.

네 번째, 방송 프로그램을 수업으로 가지고 왔기 때문에 교과서 수업이지만 아이들이 재미있게 수업할 수 있습니다. 교과서 수업의 흐름을 그대로 유지하면서도 말이지요.

다섯 번째, 교과서의 단점을 보완해줄 수 있습니다. 교과서는 표준화된 자료라 현실을 반영하기 어렵습니다. 게다가 교과서에는 특정 상품이나 특정 방송 프로그램 같은 상업적인 것을 실을 수 없습니다. 반대로 아이들은 눈앞에 바로 존재하는 이런 상업적인 실물을 좋아하지요. 그렇기 때문에 방송 포맷은 교과서의 단점을 보완할 수 있는 하나의 좋은 대안이 될 수 있다고 생각합니다.

교과서를 재구성하거나 치환할 때도 수업의 현실성을 불어넣기 위하여 가상의 상황을 설정하고 그것을 수업 내내 유지하려는 노력이 필요합니다. 예를 들어 학생들이 방송국 PD나 방송 작가가 되면, 교사는 방송국장쯤 되어 가상 상황을 이어 가는 겁니다. 이렇게 보면 교과서 수업도 결국 교육과정 재구성의 범주를 크게 벗어나지 않는다는 것을 알 수 있습니다.

[7단계 전략] 나의 수업을 크로스 체크하라

교육과정을 재구성하다 보면 간혹 중요한 것을 놓치고 지나가는 경우가 있습니다. 버려서는 안 되는 것을 버리기도 하고, 교사 개인의 욕심에 따라 수업의 방향을 다른 방향으로 몰고 가기도 합니다. 그런 일이 생기지 않도록 자신이 하는 수업이 수업의 핵심 요소를 반영하고 있는지 살펴보아야 합니다. 그리고 그것을 점검하고 체크해야 합니다. 교과서 수업이든 교육과정 재구성이든 모든 수업이 마찬가지입니다. 교사는 교육과정 운영자로 교육과정이 정상적으로 운영되고 있는지 항상 체크하고 섬세하게 조율해야 합니다.

수업을 시작하기 전은 물론이고 수업 중이라도 성취기준과 교과서의 해당 단원을 살펴보고, 수업에서 빠진 것은 없는지 크로스 체크해야 합니다. 교과서 수업을 한다면 성취기준으로 한 번 더 체크해보고, 교육과정 재구성이라면 교과서를 통해 한 번 더 체크해보아야 합니다. 교과서와 성취기준을 상호 보완해야 하는 것이니까요.

교과서를 재구성하는 경우도 마찬가지입니다. 교과서를 그대로 가르친다면 모르겠으나 교과서를 재구성하거나 치환해서 수업한다면 그것을 그렇게 치환해도 되는지, 교육과정에서 요구하는 내용을 충실하게 반영되었는지 등을 체크해보아야 합니다.

교과서와 교사용 지도서, 성취기준, 평가기준, 단원 영역별 성취수준 등은 모두 자신의 수업을 설계하는 도구이기도 하지만, 반면에 자신의 수업을 체크할 수 있는 도구이기도 합니다. 영화 소개 프로그램을 수업에 도입하기 위해 성취기준과 교과서, 교사용 지도서 등을 통해 교차 점검을 했습니다. 과연 이것을 도입해 수업해도 되는지, 내가 설정한 수업 환경이 교육과정과 맞는지 등을 점검했습니다. 이러한 점검은 교육과정의 오독을 방지해줍니다.

수업이라는 게 참 복잡한 일이라는 생각이 듭니다. 직선적이거나 기계적으로 이루어지지 않습니다. 전체와 부분을 모두 볼 줄 알아야 하고, 수업의 앞과 뒤 그리고 그 너머의 다른 교과나 단원까지도 볼 수 있어야 합니다. 비록 지금 교과서 수업을 한다고 하더라도 교사의 이런 일련의 모습이 경험으로 쌓여 자신만의 교육과정을 얻는 자양분이 될 것입니다.

저는 중국의 한 한국국제학교에서 근무한 적이 있습니다. 그 시절 처음으로 중국 노래방에 갔는데 그곳에서 놀라운 사실을 발견했습니다. 노래방 요금이 요일별, 시간별, 룸의 크기별로 다 달랐습니다. 노래방 입구에 도착하면 마치 학교 수업시간표처럼 요일별, 시간대별로 요금이 가지런히 정리되어 있는 요금표를 볼 수 있습니다. 이런 요금표는 영화관도 마찬가지라고 합니다. 앞쪽의 불편한 자리는 요금이 싸고, 뒤쪽 좋은 자리는 비싸다는 것입니다. 우리나라에서는 호텔 등에만 적용되는 성수기 요금이 노래방이나 영화관에도 존재합니다. 저는 이 시스템이 대단히 효율적이라고 생각했습니다. 노래방 주인에게만 이익을 주는 것이 아니라 이용자에게도 도움을 주기 때문입니다. 누군가가 말했던가요? 가장 자본주의 같지만 사회주의인 나라가 중국이라고. 어쩌면 우리보다 더 자본주의 사회가 중국이 아닐까, 일상의 작은 것을 보면서 효율성과 실용성이 중국인들의 생각에 깊이 자리 잡고 있다는 것을 느꼈습니다.

중국에서 들은 이야기 중에 '효익'이라는 말이 생각납니다. 효율적이면서 이익을 주어야 한다는 것입니다. 저는 수업을 기획할 때 이 효익을 적용해볼 필요가 있다고 생각합니다. 수업에서 효율성과 함께 이익도 따져보는 것이지요. 수업기획은 효율적이며 모두에게 이익을 줄 수 있도록 기획되어야 합니다.

학교의 경우 아직 효율성과 이익이라는 점에서는 아쉬움이 많이 남습니다. 특히 초등교사는 중등교사에 비해 효율성 면에서 상대적으로 불리합니다. 중등교사는 한 과목을 담당하고 그것을 매년 반복하기 때문에 한 번의 수업기획이 자신의 콘텐츠로 자리 잡으면 여러 번 사용할 수 있습니다. 그러나 초등학교의 경우 6개 학년의 모든 과목을 담당하다 보니 매년 다른 학년, 다른 내용을 가르쳐야 합니다. 당연히 자신만의 콘텐츠를 쌓아갈 기회 역시 적습니다.

그러나 초등교사라도 답답해할 필요는 없습니다. 초등은 중등에는 없는 동학년이라는 좋은 제도가 있습니다. 동학년의 모든 선생님이 같은 학년, 같은 과목을 담당하고 있으니 동학년끼리 공동으로 수업을 논의하고 자료를 개발할 수 있습니다. 물론 동학년이라고 하여 모두 공동으로 진행할 수도 없고, 교사마다 각자의 수업방법이나 지향점이 다를 수는 있습니다. 그러나 같은 일을 여러 사람이 함께 한다는 것은 분명히 큰 장점입니다. 이런 장점을 최대한 살려 교육과정을 운영한다면 중등 못지않게 효율적으로 운영할 수 있으리라 생각합니다.

간혹 최고의 동학년을 만나 공동지도안이나 교육과정을 공동으로 운영한 경험이 있을 것입니다. 동학년을 어떻게 만나느냐에 따라 교사의 1년 운이 달라진다는 말이 있을 정도로 동학년은 중요합니다. 동학년 체제에서 공동으로 운영하는 것이 안 된다면 최소한 교육자료를 공유하거나 수업 포맷을 공유하는 등 동학년의 장점을 최대한 이용하여 효율적으로 수업을 운영하는 방법을 찾아야 합니다.

동학년 문제뿐만 아니라 교사의 콘텐츠도 생각해보아야 합니다. 1년 동안 학교에서 생산되는 많은 자료와 콘텐츠가 학기말이 되면 모두 사라집니다. 수업 공개 지도안이나 학년에서 공동으로 개발한 자료도 1년이 지나면 마치 일회용이었다는 듯 모두 버려집니다. 다시는 그 학년 그 수업을 안 할 것처럼 말입니다. 정말 아깝습니다. 수업기획을 잘 하려면 그 바탕이 되는 수업소재나 자료 등이 많이 필요합니다. 이것들이 모이고 융합하여 새로운 콘텐츠를 탄생시킵니다. 수업에 대한 콘텐츠가 많으면 많을수록 새로운 수업을 더 쉽고 빠르게 기획할 수 있겠지요. 교사의 콘텐츠는 한 번 간직하면 사라지지 않습니다. 새롭게 응용되고 발전합니다. 처음에는 수업기획이 힘들 수 있지만 그것이 지속되면 훨씬 쉽게 접근할 수 있습니다. 이제 수업에서도 효익을 생각할 때입니다.

5부.

나의 수업은 진화한다

수업, 진화할 것인가? 멈출 것인가?

루틴과 쿠세를 아시나요?

루틴(routine)은 운동선수들이 규칙적으로 하는 순서나 방법으로 일종의 계획된 버릇 같은 것을 말합니다. 스포츠에서 운동선수는 최상의 경기력을 발휘하기 위해 선수 자신만의 고유한 동작이나 절차를 밟습니다. 야구 경기에서는 선수가 타석에 나와 일정한 행동을 규칙적으로 반복하는 것을 볼 수 있습니다. 코리안 특급 박찬호 선수는 선발 경기가 있는 날이면 경기 시작 1시간 20여 분 전에 먼저 그라운드로 나와 외야에서 러닝과 스트레칭으로 몸을 푼다고 합니다. 박태환 선수는 경기 직전음악 감상을 하는 것으로 유명합니다. 루틴은 자신의 몸 상태를 최상으로 유지하려는 노력입니다. 루틴은 좋은 경험에서 비롯됩니다. 많은 경험을 하고 가장 좋았던 것을 기억하고 그것을 자신만의 패턴으로 만들어 결국 자신의 루틴으로 정착시키는 것입니다. 많은 시도와 좋았던 결과를 바탕으로 지속적으로 좋은 결과를 가져올 것이라는 믿음에서 루틴이 만들어집니다.

반면에 쿠세(くせ)라는 것도 있습니다. 쿠세는 일본말입니다. 주로 음악하는 사람들이 쓰는데, 일종의 나쁜 버릇을 말합니다. 일정한 음에서 떤다든가, 콧소리를 낸다든가 등 자신도 모르게 나오는 버릇입니다. 쿠세는 일종의 잘못된 좋은(?) 기억을 몸이 기억하는 것입니다. 임기응변으로 잘못된 행동을 했는데 그 결과가 좋아서 몸이 기억한 결과입니다. 같은 조건이 형성되었을 때 무의식적으로 쿠세가 나타납니다. 쿠세는 무의식중에 생성되어 위기를 넘기게 해준 반응이기 때문에 우리 몸에 더욱 강렬하게 남아 있습니다. 아무리 고치려고 해도 소용이 없습니다. 자신도 모르게 쿠세가 나타나지요.

교사는 많은 수업을 합니다. 자신의 수업을 발전시키기 위해 많은 노력을 하기도 합니다. 이러한 경험은 교사에게 약이 되기도, 독이 되기도 합니다. 교사에게도 루틴이나 쿠세가 나타날 수 있습니다.

교사에게 루틴이란 자신만의 수업을 하려고 노력하고, 자신이 한 수업 중에서 좋았던 수업의 경험을 간직하고, 그런 수업을 지속적으로 유지하려는 노력을 말합니다. 이런 노력이 패턴화되어 자신만의 수업을 할 수 있는 것이 교사의 루틴이 아닐까 생각해봅니다. 루틴은 하루아침에 이루어지는 것이 아닙니다. 많은 시도와 시행착오를 거쳐야 합니다. 게다가 그렇게 형성된 루틴을 지키기도 어렵습니다. 루틴은 이성적으로 만들어진 것이기 때문에 루틴을 지키기 위하여 부단히 노력해야 합니다.

반면에 교사의 쿠세는 깨야 할 대상입니다. 교사도 나쁜 좋은⑺ 경험을 많이 할 수 있습니다. 우연히 혹은 의도적으로 한 수업이 좋은 결과가 나오는 경우가 있지요. 교사는 그 수업에 대한 강렬한 기억을 가지고 있습니다. 그리고 같은 조건이 만들어지면 자기도 모르게 나쁜 좋은 행동을 하게 됩니다. 예를 들면 인터넷에서 좋은 수업안을 발견하여 공개수업을 잘 했다면 교사는 거기에 대한 강렬한 기억을 가지고 있을 겁니다. 그리고 다음 공개수업이 있으면 어김없이 다시 인터넷을 먼저 찾게 되지요. 쿠세가 나타나는 것입니다.

인터넷에서 수업을 찾는 것은 일종의 쿠세입니다. 인터넷에서 좋은 수업을 한 경험이 쌓이면 다음에도 인터넷을 찾습니다. 쿠세가 나쁜 루틴으로 발전하는 것이지요. 쿠세는 어려운 상황이 생기면 자기도 모르게 더 강하게 나타나고 그것에 의지하려고 하기 때문에 교사에게 수업의 어려움이 생기면 어김없이 나타납니다. 인*스쿨에 자신의 수업을 맡기지 마세요. 아이**림에도 수업을 맡기지 마세요. 남에게 수업을 맡기면 영원히 나의 수업을 만들지 못합니다. 다른 곳에 나의 수업을 맡기면 나의 수업을 만드는 경험을 원천적으로 차단하는 것입니다. 수업의 발전은 쿠세를 깨고 나만의 루틴을 만들어 자신만의 수업을 할 때 가능해집니다.

수업을 한 차원 높이는 기술: 스토리를 입혀라

뜬금없는 수업은 노!

4학년 사회 수업에 선거 관련 단원이 나옵니다. 조금 부지런한 교사라면 선거관리위원회에 공문을 보내서 투표함과 기표소를 빌려와 모의 선거를 할 수 있을 것입니다. 뜬금없지만 갑자기 시장 선거도 해보는 것이지요. 모의 투표용지도 그럴싸하게 만듭니다. 아이들은 이 느닷없는 체험에 좋아할 수도 있고, 장난 반 체험 반으로 임하기도 합니다. 모의 선거에 투표함까지 빌려와 형식을 갖췄지만 왠지 모를 공허함이 찾아들 수 있습니다. 형식은 그럴 듯하지만 수업과 공감할 맥락을 확보하지 못해서 오는 허탈감이 원인일 것입니다.

수업 아이디어를 실제 수업으로 업그레이드하려면 수업에 공감할 수 있는 맥락을 확보해야 합니다. 맥락을 확보할 수 있는 가장 좋은 방법은 진짜 선거를 하는 것이고, 그다음은 현실처럼 만들어주는 것이고, 그다음은 이야기로 전해주는 것이 아닐까요?

◀ 영화 〈택시 운전사〉

수업에 스토리를 입히는 게 중요합니다. 천만 관객을 동원한 영화 〈택시 운전사〉는 5.18 광주민주화운동 당시 독일 외신기자를 태우고 광주에 다녀 온 김사복이라는 택시 운전사의 이야기입니다. 영화 〈택시 운전사〉는 유명한 사람에 대한 이야기가 아닙니다. 알려지지 않은 평범한 사람을 다룹니다. 그러나 평범한 사람의 이야기에 광주라는 시대적 배경과 외신기자라는 스토리가 얹히면 특별한 이야기가 됩니다. 이것이 이야기의 힘입니다.

이야기의 힘은 평범한 사람과 약자를 주인공으로 만들 수도 있고, 다양한 시선으로 세상을 볼 수 있게 만들기도 합니다. 주변부의 이야기를 중심부로 끌어들여 일상의 소중함을 일깨워줍니다. 누구나 자신이 세상의 주인이라는 사실을 깨우쳐주기도 하지요.

한동안 스토리텔링이 화두가 된 적이 있습니다. 그러나 지금은 잠잠합니다. 스토리텔링은 다양성을 전제로 합니다. 하나의 표준화된 이야기로 만들 수 없는데도 불구하고 인위적으로 만들어 전국적으로 밀어붙이다 보니 발생한 필연적인 결과였다고 생각합니다.

스토리텔링이 성공하려면 교사가 먼저 의미를 부여해야 합니다. 교사가 감동하지 않는 스토리에 아이들이 공감할 수는 없습니다. 공감은 무엇보다도 수업을 이끌어가는 중요한 요소입니다. 아이들의 공감을 이끌어낼 수 있느냐 없느냐가 스토리텔링에서 가장 중요한 일입니다. 그리고 아이들에게 공감을 얻기 위해서는 사실에 기반을 두어야 합니다. 인위적이거나 작위적인 스토리텔링은 오히려 역효과가 나서 아이들의 비웃음을 가져올 수도 있습니다. 사실에 이야기를 입혀보세요. 그리고 이야기의 힘을 믿으세요.

여기 신문 한 장이 있습니다.

"50년 전 뜯길 뻔한 '261' 달고 완주"

출처: 《한겨레신문》

짧은 제목에 기사 두 줄, 사진 두 장이 전부입니다. 저는 이 짤막한 기사를 보는 순간 '아, 이거다!' 싶었지요. 교사의 감과 촉으로 이건 틀림없이 이야깃거리가 된다는 것을 직감할 수 있었습니다.

기사의 내용은 1967년 미국 보스턴 마라톤 대회에서 한 조직위원회 관계자가 여성 참가자 캐스린 스위처의 등 번호 261번을 떼려 하자 남자 친구 등 다른 참가자들이 길 밖으로 이 관계자를 떼밀고 있다는 것과 그 주인공이 50년 만에 당시와 같은 '261' 등 번호를 달고 다시 출전하여 완주했다는 내용입니다. 기사를 보고 극적이고 의미 있는 이야기가 되겠다고 생각했습니다. 70세 할머니가 마라톤을 완주한 것도 뉴스거리인데, 하물며 그것이 미국 첫 여성 마라톤 주자였다는 사실이 더 극적으로 느껴졌습니다. 거기다가 참가했을 때 제지하는 사람과 그것을 말리는 사람의 사진까지 있으니 동기유발이나 스토리텔링 자료로도 손색없었습니다. 저는 메모하기 위해 얼른 신문기사를 사진으로 찍었습니다.

학교에 출근해서 기사를 조금 더 찾아보았습니다. 눈에 들어오는 흑백 사진이 있었습니다. 아이들과 함께 당시 상황을 생생하게 설명해주는 흑백 사진 속으로 들어가도록 하겠습니다. 아이들에게 먼저 흑백 사진을 제시합니다. 그리고 이 사진은 미국 《라이프 Life》에 '세상을 바꾼 100장의 사진' 중 하나로 선정될 만큼 유명하다고 말해줍니다. 아이들이 관심을 갖게 되면 사진의 공통점을 찾아보거나, 사진 속에 무슨 비밀이 숨겨져 있고, 무슨 일이 벌어지고 있는지 나름대로 상상해보라고 합니다. 어느 정도 생각이 모아질 때쯤 교사는 이 사진의 이야기를 들려줍니다.

출처:《한국일보》

과연 이 사진 속에는 무슨 일이 생겼을까요?

1960년대까지 미국에서 여성은 마라톤에 참가할 수 없었습니다. 마
라톤을 하면 다리가 굵어지고, 가슴에 털이 나며, 심지어는 생식 능력이

떨어진다는 이유를 들어 여자의 마라톤 출전을 허락하지 않았습니다. 그런데 1967년 미국 보스턴 마라톤에 캐스린 스위처가 공식 등록을 하고 참가번호 261번을 달고 처음 출전한 것이었습니다. 스위처는 성별을 구분하기 어려운 K.V.스위처라는 이름으로 참가 신청을 했었습니다. 당시 미국에서 여성은 이런 미들 네임을 쓰지 않았다고 합니다. 이름만 보면 스위처가 남자인 것처럼 보였기 때문에 여성임을 알아차리지 못하고 주최 측은 스위처에게 정식 등록번호를 발급했습니다.

대회 당일 뒤늦게 스위처가 여성이라는 것을 알게 된 감독관은 달리고 있던 스위처를 낚아채며 제지했습니다. "이 경기에서 꺼져버려! 그리고 네 번호를 내 놔!"라며 어깨와 등을 잡아당긴 것입니다. 이것을 본 스위처의 코치와 남자친구가 감독관을 저지하면서 몸싸움이 일어난 장면이 사진으로 담겼습니다. 이런 어려움을 뚫고 스위처는 마라톤을 완주했고, 공식 등록된 번호를 받고 완주한 첫 번째 여성 주자가 되었으나 주최 측은 실격으로 처리했습니다.

그 50년 뒤인 2017년, 70대의 나이로 스위처는 다시 마라톤에 도전했습니다. 기록은 4시간 44분 31초로 50년 전에 비해 24분 늦어졌습니다. 이후 미국에서는 '여성의 달릴 자유'에 대한 공론화가 이루어졌고, 1971년 뉴욕 마라톤에서부터 여성 마라톤 참가가 허용되었습니다. 보스턴 마라톤 역시 1972년 당시 사진 속에 등장해 스위처를 밀쳤던 사람인 조크 셈플 보스턴 마라톤 조직위원장 스스로 여성의 마라톤 출전을 허용하게 됩니다.

출처: 《중앙일보》

이야기가 끝나고 마지막으로 관련 동영상을 보여줍니다. 특히 자세한 설명 없이 도착하는 화면만 제시했을 때의 반응이 더 컸습니다. 때로는 뉴스처럼 음성과 설명이 있는 친절한 동영상보다 우리가 알지 못하는 언어나 무음일 때 효과가 더 큽니다. 그동안 들었던 이야기를 스스로 생각하고 상상할 수 있으니까요. 자연스럽게 생각할 수 있는 기회를 갖는 것이지요. 우리는 가끔 완벽한 자료를 제시하여 아이들의 생각을 강요하기도 합니다. 가끔은 그냥 현장 화면만 제시할 필요도 있습니다.

스토리를 짤 때 수업의 소재나 주제, 가정 등을 고려해 유기적으로 생각해야 합니다. 어떻게 제시하고 어떻게 조건을 통제하느냐에 따라 스토리를 받아들이는 것도 많이 달라집니다. 스토리를 모으고 입히고 전달하는 방법을 선택하고 어떻게 사용하는지는 경험이 말해줍니다. 많은 경험을 하면서 교사 자신만의 노하우가 생기지요. 이러한 노하우가 생길 때쯤이면 스스로 전문가가 되어 간다는 뿌듯함도 찾아옵니다.

수업을 한눈에 보는 기술: 스토리보드를 활용하라

수업을 기획할 때 교사의 머릿속에는 여러 가지 수업 아이디어와 콘셉트가 떠오릅니다. 구체적인 모습으로 그려내지 않으면 그저 떠도는 아이디어에 그치고 맙니다. 수업 아이디어를 구체화하고, 순서에 맞게 배치하고 이를 연결하여 하나의 수업으로 만드는 작업이 필요합니다. 이럴 때 스토리보드는 수업의 흐름을 구체적으로 볼 수 있는 보조 장치입니다.

네이버 '시사상식사전'에 따르면 스토리보드(storyboard)는 영화, 애니메이션, 광고, 게임 등 각종 영상매체를 만들기 전에 주요 시퀀스를 일러

스트나 사진을 이용하여 시각적으로 정리해 놓은 것이라고 설명합니다. 즉, 각종 영상 제작에 들어가기 전에 작품의 줄거리나 화면 구성 등 작품의 흐름을 시각적으로 그려 놓은 일종의 연출을 위한 삽화라고 할 수 있습니다.

수업 스토리보드를 만들기 위해서는 먼저 수업을 전체적으로 조망해야 합니다. 수업을 어떻게 운영할지, 어떻게 구성할지, 소재는 무엇으로 할지, 활동은 어떤 것으로 할지 등에 관해 전체적인 교사의 생각을 정리하는 작업이 필요합니다. 이러한 작업을 통하여 교사는 수업 구성을 이해하고 수업의 흐름을 알 수 있습니다. 자세한 묘사를 하는 지도안과 달리 대충 수업(재구성)의 골격을 만드는 작업을 하는 것입니다.

교육과정 재구성 같은 경우 수업 시수도 많고 내용도 명확하지 않기 때문에 수업에 대한 구체적인 모습이 떠오르지 않는 경우가 많습니다. 스토리보드는 수업 전체와 부분을 유기적으로 연결해서 구체적으로 수업 전체가 눈에 들어오게 만듭니다. 수업의 흐름을 구체적으로 구성하여 스토리보드만 봐도 수업자가 수업이 어떻게 진행되는지 쉽게 알 수 있도록 하는 것이죠. 머릿속으로 수업을 그려보고 그것을 글로 풀어내면 됩니다.

스토리보드를 만들 때 적절한 분배 역시 중요합니다. 수업을 그룹화하고, 그룹별로 이야기를 구성해 나갑니다. 학습의 여러 요소, 즉 지식, 기능, 태도 등을 적절히 배분하여 작성해야 합니다. 과목도 적당히 분산해주고 성취기준을 고려하여 수업의 흐름을 논리적으로 구성합니다.

04 수업은 연결의 예술이다

수업은 연결입니다. 수업을 기획한다는 것은 연결에서 시작해서 연결로 끝난다고 해도 과언이 아닐 것입니다. 교사와 학생과의 연결, 적절한 소재와 수업과의 연결, 현실과 수업과의 연결, 교사와 교육과정과도 연결됩니다. 이 외에도 무수한 연결이 교차하는 것이 수업입니다. 수업을 잘 기획한다는 것은 어쩌면 이러한 연결을 잘한다는 것일 수 있습니다. 적재적소에 가장 적합한 것을 찾아 연결해주는 작업이 수업기획이니까요.

수업에서 연결 짓기는 결국 교사의 능력과 안목에 의해 좌우된다고 볼 수 있습니다. 교사가 교육과정을 얼마나 알고 있느냐가 중요하며, 아이들을 살필 수 있는 힘, 환경을 파악할 수 있는 능력, 그리고 이것을 수업에 연결시킬 수 있는 안목을 두루두루 갖추어야 합니다. 다양한 연결 짓기를 가능하게 하는 것은 무엇보다 교사 내면의 힘입니다. 따라서 교사는 꾸준한 노력으로 내면의 힘을 길러야 합니다.

다음은 제가 근무하던 학교의 신규교사였던 김효주 선생님과 함께 진행했던 수업 이야기입니다. 교사의 생각과 수업의 소재, 과목과 과목이 어떻게 연결되어 유기적으로 이루어졌는지 살펴보기 바랍니다. 신규교사로서 이런 연결 짓기를 시도했다는 점이 인상 깊어 소개합니다.

첫째, 아이들의 흥미와 교사의 흥미를 연결합니다.

아이들은 영화를 참 좋아합니다. 수업시간에 영화를 보여주면 눈이 초롱초롱합니다. 교사도 영화를 좋아하기는 마찬가지입니다. 아이들도 좋아하고 교사도 좋아하는 영화를 활용하여 수업하면 수업에 흥미도 있고 참 좋을 것 같다는 생각을 했습니다. 그래서 수업에 영화를 끌어오기로 했습니다.

둘째, 영화와 교과의 연결입니다.

영화를 활용하여 수업하려면 먼저 교육과정을 반영해야 합니다. 적당한 교과와 단원을 찾아 연결해주어야 하지요. 그래서 찾아낸 과목이 국어입니다. 6학년 국어 1단원 '인물의 삶을 찾아서'를 찾았습니다. 대부분의 영화 속에는 인물이 추구하는 삶의 모습이 반영되어 있지요. 그래서 선택한 단원입니다. 이 단원은 인물이 추구하는 삶을 파악하는 방법을 제외하고는 모두 실제 적용이나 실천해보는 학습이라 영화를 통해 수업하기에 적당한 차시라고 생각했습니다.

학년: 6학년

교과: 국어

단원: 인물의 삶을 찾아서

단원 학습목표: 이야기에서 인물이 추구하는 삶을 이해하고, 자신의 삶과 관련지어 말할 수 있다.

차시	차시 학습목표 및 국어활동 학습요소	학습성격
1-2차시	이야기에서 인물이 추구하는 삶을 파악하는 방법을 안다.	이해 학습
3-4차시	이야기를 읽고 인물이 추구하는 삶을 파악할 수 있다.	적용 학습
5-6차시	드라마를 보고 인물의 삶과 자신의 삶을 관련지어 말할 수 있다.	적용 학습
7-8차시	좋아하는 문학 작품을 자신의 삶과 관련지어 소개할 수 있다	실천 학습

참고 자료: 『초등학교 국어 교사용 지도서』

셋째, 수업소재와 수업과의 연결입니다.

구체적인 영화를 선정하여 수업에 활용합니다. 구체적으로 어떤 영화를 수업소재로 사용할지에 대해 고민했습니다. 인물이 추구하는 삶이 확실하게 드러나며, 서로 다른 가치관을 가지고 있는 인물이 있어야 하고, 이런 서로 다른 가치관이 부딪히며 갈등이 극대화되는 영화라면 좋겠지요. 그래서 물망에 오른 영화가 〈변호인〉이었습니다.

넷째, 또 다른 연결로 문제점을 해결합니다.

영화를 수업에 활용하다 보면 항상 시간이 부족하다는 생각이 듭니다. 영화의 일부분만 보고 수업하자니 전체적인 내용 파악이 안 되고, 집에서 보고 오라고 할 수도 없고, 본 아이들만 상대로 수업하자니 공감을 얻기에 부족했습니다. 특히 이번 단원은 전체 8차시로 배정되어 있는데, 영화 보는 데만 적어도 3-4차시 정도 필요하기 때문에 배정된 차시의 절반을 투자해야 합니다. 아무리 영화를 활용한 수업이 좋다고 하더라도 너무 비효율적이라는 생각이 들었습니다.

고민하다가 영화를 이번 수업뿐만 아니라 다른 수업에도 활용할 수 있다면 좋을 것이라는 생각이 들었습니다. 한 번 영화를 보고, 두 과목 이상의 수업에 모두 활용할 수 있다면 시간을 절약할 수 있을 것 같았습니다. 그래서 다시 적당한 과목이나 적당한 단원 혹은 성취기준을 찾아보았습니다. 다행히 6학년 사회에서 그 연결고리를 찾을 수 있었습니다.

단원: 1. 우리나라의 민주 정치

단원의 개관: 우리나라 민주 정치의 원리와 민주 정치가 실현되는 과정을 이해하고, 민주주의를 실천하는 태도를 기르도록 하는 데에 주안점을 둔다.

주제	주제별 주요 내용	차시
단원 도입	단원 학습 내용 예상하기	1
1. 우리 생활과 민주 정치	민주 정치에서 법이 필요한 까닭과 헌법의 주요 내용	2–4
2. 국가의 일을 맡아 하는 기관들	국회, 정부, 법원이 하는 일	5–7

주제	주제별 주요 내용	차시
3. 국민의 권리와 의무	헌법에 보장하고 있는 국민의 권리와 의무	8-10
4. 행복한 삶과 인권	인권의 뜻과 인권을 존중하기 위한 노력	11-13
단원 정리	단원 학습 내용의 정리	14

참고 자료: 『초등학교 사회 교사용 지도서』

사회와 국어를 통합하면 무려 22시간 정도를 확보할 수 있습니다. 22시간 정도 수업을 하는데 3-4시간 영화를 보는 것은 큰 무리가 아니라고 생각했습니다. 또 〈변호인〉이라는 영화와 사회 1단원 내용이 일치하여 재구성하는 게 어색하지 않았습니다. 간혹 억지로 수업을 연결하여 수업이 산으로 가거나 단순한 이합집산에 그치는 경우가 있는데, 다행히 〈변호인〉에는 민주정치, 법, 헌법의 가치, 삼권분립, 국민의 권리와 의무, 인권 등 사회과 해당 단원의 내용이 모두 포함되어 있어 이것을 잘 연결하면 좋은 수업이 될 것이라고 판단했습니다.

다섯째, 영화와 수업과의 연결입니다.

영화를 관람하고 나서 국어 '인물의 삶을 찾아서'에서는 장면 분석하기, 인물의 말과 행동에서 인물이 추구하는 삶 찾아보기, 인물 관계도 그리기, 인물의 갈등 상황 알아보기, 갈등 상황을 나타내는 대사 찾아보기, 인물의 성격이나 삶을 나타내는 대사 찾아보기 등을 알아보고 모둠별로 〈변호인〉에 등장하는 인물의 삶을 정의하는 시간을 가졌습니다.

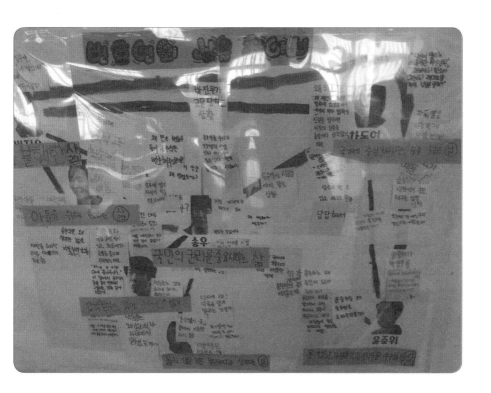

　다음은 사회 과목 '우리 생활과 민주 정치'입니다.

　사회 교과는 국어 교과에 비해 지식 영역이 훨씬 많기 때문에 지식 영역을 가르쳐야 합니다. 교사는 가르칠 것은 가르쳐야 합니다. 수업의 흐름이 다소 딱딱해지더라도 아이들이 배워야 할 지식은 아무리 통합된, 재구성된 수업이라도 시수를 확보하여 가르쳐야 합니다. 이 단원에서도 마찬가지였습니다. 물론 지식 영역을 가르칠 때도 영화 〈변호인〉을 활용할 수 있어서 더 쉽게 접근할 수 있었습니다.

　학생들이 이 단원에서 배워야 할 지식 영역에서 어느 정도 학습이 끝났다는 생각이 들면 이제는 본격적으로 〈변호인〉을 활용한 수업이 진행됩니다. 규칙과 법이 필요한 까닭, 헌법의 의미와 헌법에 담긴 내용, 국민의 권리와 의무, 그리고 인권에 이르기까지 영화 〈변호인〉을 본 아이들은 거침없이 이야기했습니다. 특히 '규칙과 법이 필요한 까닭'과 '국회의원이 되어 〈변호인〉을 보고 필요한 법 만들어보기' 시간에는 아주 재미있는 법이 많이 나왔습니다. 예를 들면 임시완 보호법, 송강호 보호법, 국가 권력 제한법 등을 만들었습니다. 이것은 또 국회가 하는 일과 연결되기도 하지요.

'법원에서 하는 일' 시간에 법원이 중립을 지켜야 하는 이유에 대하여 토의할 때 한 아이가 법정에 있던 전두환 대통령 사진을 발견하고 당시 삼권분립이 안 된 사실을 지적하기도 했습니다. 교사도 모르고 지나쳤던 내용인데 아이들이 발견하여 지적하는 것을 보고 깜짝 놀랐습니다. 〈변호인〉에서 발생한 인권 침해 사례를 조사, 발표하고 초등학생 입장에서 만들 수 있는 방지책을 만들어보기도 했습니다.

수업을 하면 할수록 새로운 연결고리를 계속 발견할 수 있었습니다. 국어 3단원 '적절한 근거'에서 '주장에 대한 근거가 적절한지 판단하며 글을 읽고, 주장하는 글을 쓸 수 있다' 역시 영화와 연결된다는 생각을 했습니다. 그러나 이것은 실제 수업으로 연결시키지는 않았는데, 영화 하나 보여주고 너무 많이 우려먹는다는 느낌이 들었기 때문입니다. 학생들도 너무 오랜 시간을 한 주제로 수업하면 흥미가 떨어지겠지요. 대신 미술 시간을 활용하여 '인물이 추구하는 것을 가장 잘 나타내는, 혹은 인상 깊었던 내용이나 생각나는 좌우명'을 부채에 캘리그래피로 쓰고 색칠하여 전시했습니다. 이렇게 총 25차시 정도의 수업을 마칠 수 있었습니다.

▲ 너는 잘못한 게 없다

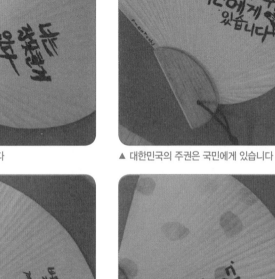

▲ 대한민국의 주권은 국민에게 있습니다

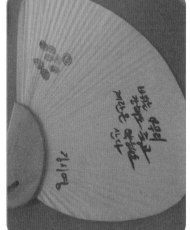

▲ 바위는 아무리 강해도 죽고 계란은 약해도 산다

▲ 당신이 말하는 '애국'이란 무엇인가?

마지막으로 평가 시간에는 〈변호인〉의 시나리오를 찾아 활용했습니다. 시나리오 입수는 생각보다 간단했습니다. 요즘 각종 연기학원이 많아서 원생들을 위해 대본을 인터넷 사이트에 많이 업로드해 놓았기 때문에 검색하면 쉽게 구할 수 있습니다. 교육과정 수업 평가 일체화의 바람과 교사별 상시 평가 덕분에 수업시간에 한 것을 활용하여 평가할 수 있었습니다.

　　물론 이 수업에 약점이 전혀 없는 것은 아닙니다. 영화 〈변호인〉은 장점이 많은 영화지만 15세 이상 관람가라 관람 전에 영화에 관한 지도가 필요합니다. 몇몇 고문 장면은 그냥 건너뛰기도 했습니다. 한편으로는 이 영화가 가지고 있는 시사성이 걱정되기도 했습니다. 그럼에도 불구하고 이 영화가 가지고 있는 소재로서의 장점을 최대한 살리고 약점은 최대한 가릴 수 있도록 고려하여 수업을 기획해보았습니다.

　　수업기획은 적절한 소재를 찾아내고 그것을 연결하고 또 연결고리를 발견하는 것의 연속입니다. 이러한 연결을 하는데 교사의 내면이, 가치관이, 경험이 투영됩니다. 그래서 교사의 가치관이 중요하다고들 말합니다. 교사는 자신의 관점이 드러난 연결고리를 자연스럽게 수업 각 영역에 연결해야 합니다.

엉큼하고 뻔뻔한 수업을 하라

출처: 연합뉴스

'맨발의 조(Shoeless Joe)'로 알려진 야구선수 조 잭슨의 사인이 있는 사진입니다. 그런데 이 사인이 경매에 나왔다고 합니다. 호가가 무려 10만 달러(약 1억 960만원)에 이를 전망이라니 사인 하나 치고는 굉장히 높은 가격입니다. 아이들에게 이 사인이 들어 있는 사진을 제시하고 경매가가 얼마일지 물어보았습니다. 물론 조 잭슨이 어떤 사람인지 간단히 이야기해주었지요. 그러자 아이들은 자신이 생각하는 숫자를 불러 댑니다. 왜 그렇게 비쌀 것 같으냐고 묻자 '희소성이 있다, 유명한 야구선수다' 등 각자 생각을 말했습니다. 그래서 저는 아이들에게 '맞아. 이 사진은 잭슨의 친필 사인이 담긴 현존하는 유일한 사진'이라고 말해주었습니다. 그러자 아이들은 당연한 걸 맞추고도 좋아합니다. 그래서 다시 한 번 질문을 했습니다.

"그런데 왜 조 잭슨의 사인이 많지 않을까? 왜 이 사진이 유일할까? 그렇게 유명한 사람이라면 사인을 많이 했을 텐데?"

그제야 아이들은 웅성웅성 거리더니 왜 그런지 생각해보았습니다.

"힌트는 맨발이야."

이 힌트에 아이들은 '맨발로 썼다'는 등 수많은 말을 꺼내 놓습니다. 그러나 아직까지 정답은 없습니다.

"맨발하면 어떤 이미지가 떠오르지?"

아이들은 조 잭슨이 가난했을 것이라는 점을 생각해냅니다.

"그런데 가난이랑 사인이 적은 거랑 무슨 상관이야? 연필 살 돈이 없었나?"

조 잭슨은 '맨발의 조'라는 별명에서 알 수 있듯이 가난했습니다. 가난하게 자란 탓에 조 잭슨은 학교에 갈 수 없었습니다. 그래서 글을 배우지 못했고, 문맹이 된 것입니다. 조 잭슨은 문맹이었기 때문에 사인을 하는 데 많은 시간이 필요했습니다. 이름을 글자로 '쓴다'가 아니라 그림으로 '그린다'에 더 가까웠을 것입니다. 뿐만 아니라 문맹이었기 때문에 사인하는 것을 싫어했습니다. 그래서 생전에 100장 정도의 사인밖에 남기지 않았습니다. 게다가 이 사인은 사진에 한 유일한 것이었죠.

국어 시간에 인물의 마음을 짐작하는 수업을 하기 위한 동기유발로 사용한 사진입니다. 아이들은 이 이야기를 듣고 뭔가를 느꼈는지 연신 고개를 끄덕였습니다. 수업을 할 때 아이들이 고개를 끄덕이면 기분이 참 좋아집니다. 아이들이 고개를 끄덕인다는 것은 뭔가를 배웠거나 깨달았다는 표현이니까요. 어쩌면 가르친다는 것은 아이들의 이 '끄덕임'을 목적으로 하는 것은 아닐까 싶습니다.

수업을 기획할 때 아이들이 뭔가를 발견하고 찾아내서 고개를 끄덕일 수 있는 기쁨을 느낄 수 있는 장치를 마련해야 합니다. 저는 이 장치를 '은유'라고 생각합니다. 은유는 드러나는 것과는 다른 면을 발견하는 데 도움을 줍니다. G.레이코프는 『삶으로서의 은유』에서 '은유의 본질은 한 종류의 사물을 다른 종류의 사물의 관점에서 이해하고 경험하는 것이다'라고 했습니다. '교사가 무슨 이야기를 하는가?'라는 논리적인 흐름을 따라가다가 마침내 고개를 끄덕이는 단계까지 이끄는 것은 은유가 있어야 가능합니다.

교사는 은유할 줄 알아야 합니다. 수업에서 교사는 숨기는 것에 능해야 하고 학생들이 스스로 발견할 수 있도록 만들어야 합니다. 너무 허술하게 숨기면 재미가 없고, 너무 꽁꽁 숨기면 어렵고 지루하게 느껴집니다. 숨김에도 기술이 필요합니다. 자료 제시도, 질문도 모두 절제 있게 숨기고, 절제 있게 노출시켜야 합니다.

수업에서 은유는 교과에 대한 지식과 그것을 통해 세상을 바라보는 통찰입니다. 수업에서 은유가 가능하려면 무엇보다도 교과에 대한 지식과 이것을 사용할 수 있는 안목이 필요합니다. 이것을 엮어서 잘 숨긴 다음 슬쩍슬쩍 보여주며 그것을 찾아갈 수 있도록 하는 것이 교사의 은유입니다. 교과 지식이 교사의 상상, 경험, 사물에 대한 관찰 등과 유기적으로 연결될 때 은유가 있는 수업이 가능하다고 말하는 이유이기도 합니다.

밋밋한 수업을 맛있는 수업으로!

수업하다 보면 정말 답이 안 나오는 수업이 있습니다. 제목만 들어도 지루하고 어떻게 해야 할지 모르겠는 그런 수업 말입니다. 제게는 체육에서 오래달리기가 그런 수업이었습니다. 오래달리기만큼 지루한 수업이 없었습니다. 몇몇 잘하는 학생만 달리다가 말고, 그나마도 재미없어지면 수업은 파행으로 넘어가기 일쑤였습니다. 그러던 중에 김상복 선생님의 오래달리기 수업을 보게 되었습니다.

오래 달리기

선생님은 오래달리기에 빙상 쇼트트랙 종목을 도입했습니다. 일단 경기장을 대폭 줄였습니다. 넓은 운동장이 작은 원형으로 바뀌자 한눈에 보아도 10바퀴라도 뛸 수 있을 것처럼 만만해 보였습니다. 다음으로 경쟁의 요소를 도입했습니다. 쇼트트랙 단체 경기처럼 단체 계주 형식으로 오래달리기를 했습니다. 계주라는 경쟁 요소를 도입하자 아이들이 흥미를 가지기 시작했습니다. 자세히 볼까요? 먼저 경기 규칙입니다.

첫 번째, 계주 경기를 위해 4−5개 조로 만듭니다.

두 번째, 각 주자마다 달리는 바퀴 수가 다릅니다. 계주 순번에 따라 뛰는 바퀴 수를 달리합니다. 경기 출발 전에 35246처럼 각 주자별로 뛰는 바퀴 수를 제시합니다. 그러면 각 팀의 첫 번째 주자는 3바퀴, 두 번째 주자는 5바퀴 식으로 가다가 마지막 주자는 6바퀴를 돌아야 합니다. 이렇게 하는 이유는 오래달리기를 잘하지 못하는 아이까지 모두 경기에 참여할 수 있도록 하기 위해서입니다. 경기 시작 전에 아이들끼리 모여서 자기 체력 조건에 맞게 계주 순서를 정합니다. 자기 조절 능력도 기르고, 서로 소통하고 협동하는 모습도 볼 수 있습니다. 또 한 번에 너무 오

래 달려서 경기가 끝나면 드러눕게 되지 않도록 한 게임 내에서 달리는
바퀴 수는 적게 하고, 대신 게임 횟수를 여러 번으로 만듭니다.

세 번째, 맨 앞에서 달리는 선수는 추월할 수 없습니다.

계주 경기지만 선두로 달리는 선수는 추월할 수 없습니다. 선두 외
의 다른 그룹은 추월할 수 있지만 선두는 추월하면 안 됩니다. 오래달리
기 속성상 잘하는 아이와 못하는 아이의 실력 차이가 많기 때문에 잘하
는 아이가 경기를 독식하는 것을 막기 위한 장치입니다. 이것으로 남녀
가 한 팀이 되어 경기할 수 있게 됩니다. 또 경기가 과열되는 것을 막을
수 있습니다. 무엇보다도 실제 오래달리기 경기에서 자기 페이스 조절
과 상대 선수에 대한 견제는 가장 중요한 경기 요소 중의 하나입니다. 선
두를 달리는 선수는 페이스 조절과 서로 견제하는 것을 배우게 됩니다.

네 번째, 마지막 바퀴는 전력질주를 할 수 있습니다.

각 주자는 자기에게 주어진 바퀴 수만큼 뛰다가 마지막 바퀴에서는
선두를 추월하여 전력질주를 할 수 있습니다. 오래달리기에서 페이스를

조절하다가 마지막 스퍼트를 하는 것입니다. 이는 경쟁을 촉발시키기 위한 장치입니다. 전력질주를 한 후 다음 주자에게 바통을 넘겨주면 다시 선두를 추월할 수 없기 때문에 팀이 선두를 유지하려면 마지막 바퀴에서 선두를 따라 잡아야 합니다.

다섯 번째, 중간중간 찬스 카드를 사용하여 순위를 바꿀 수 있습니다.

선수는 게임 중간중간에 찬스 카드를 사용할 수 있습니다. 오래달리기 경기에 게임 요소를 넣어 즐거움이 배가되었습니다. 찬스 카드는 '스톱, 찬스, 바꿔' 세 종류입니다.

스톱: 카드를 쓴 사람만 뛰고, 나머지는 3초간 정지입니다.

찬스: 카드를 쓴 사람은 마지막 바퀴가 아니더라도 전력질주를 해서 선두를 따라잡을 수 있습니다.

바꿔: 카드를 쓴 사람은 자신이 지정하는 사람과 순위를 바꿀 수 있습니다. 자기 팀이 많이 뒤처졌으면 바꿔 카드를 사용합니다. 그러면 1등과 자신의 순위가 바뀌는 것입니다.

찬스 카드는 각 조별 팀장이 경기 중에 외칩니다. 찬스 카드 사용을 외치면 교사는 제자리에서 경기를 정지시키고 카드에 맞는 조치를 취해 줍니다. 예를 들어 '스톱'을 외치면 모든 선수가 뛰는 것을 멈추게 하고 카드를 쓴 사람만 3초 동안 뛰게 합니다. 3초가 지나면 다시 모두 뛸 수 있도록 호루라기로 신호를 주어 경기를 재개시킵니다. 따라서 경기 전에 팀별 팀장을 선발해야 하고, 팀장은 감독처럼 경기의 흐름을 읽고 적절하게 카드를 사용해야 합니다. 규칙에 익숙해지면 팀별로 찬스 카드를 직접 만들어보는 것도 좋을 것입니다.

그렇다고 오래달리기 기본을 무시하고 게임만 강조하는 것은 아닙니다. 이 게임을 하기 전에 아이들과 같이 오래달리기의 기본을 배웁니다.

① 걷기와 걷는 방법, 걷기가 오래달리기의 기본임을 알려주기
② 걷듯이 뛰어보기
③ 서로 자세 교정, 어떤 자세가 편한 자세인지 서로 피드백 해주기

이 경기는 계주와 쇼트트랙, 오래달리기를 결합하여 각 종목의 장점을 따온 경우입니다. 가장 중요한 오래달리기의 특성은 그대로 살리면서 재미와 흥미를 유발할 수 있는 것은 다른 종목에서 가져왔습니다. 수업에서 강조하는 것도 실제 오래달리기의 요소입니다. 흥미를 위해 도입된 계주 경기도 단순히 재미만을 위해서 도입한 것은 아니라고 합니다. 서로 견제하고 경쟁하는 것이 오래달리기의 기본 요소이기 때문이라는 설명을 들었습니다.

손족구 게임

손족구 게임도 있는데, 배구와 족구를 결합한 경기입니다. 가장 어려운 것은 아무래도 공중에서 날아오는 공을 받아넘기는 '리시브'일 것입니다. 여자아이들은 날아오는 공을 피하기 바쁩니다. 공을 받는 과정에서 손가락을 자주 다치기도 하지요. 손족구 게임에서는 하늘에서 날아오는 공을 직접 리시브하는 것이 아니라 족구처럼 땅에 한 번 튄 공을 리시브합니다. 땅에 바운드된 후 손을 대니 날아오는 공에 대한 공포를 줄여 만만하게 공을 받아넘길 수 있습니다. 이 규칙으로 배구 리시브를 못하는 아이나 공이 무서운 여자아이도 쉽게 할 수 있게 되었죠. 또 일반 배구에서는 세 번 안에 상대편에게 공을 넘겨야 하지만 이 경기에서는 횟수가 늘어나면 점수를 더 얻을 수 있습니다. 네 번에 넘기면 3점, 세 번에 넘기면 2점, 나머지는 1점 같은 규칙으로 모든 아이들이 다 참여할 수 있도록 배려합니다.

또 남자가 한 손으로 공격(스파이크)하는 걸 상대편 여자가 잡으면 여자는 세 발 뛰어가서 우리 편이 스파이크하기 좋게 던져줄(토스) 수 있습니다. 그러면 우리 편이 스파이크 공격을 할 수 있습니다.

위 두 수업은 수업기획을 하려는 저에게 많은 점을 생각하게 해주었습니다.

첫 번째, 서로 다른 두 종목을 결합하여 새로운 경기로 태어날 수 있었습니다. 배구 경기의 어려운 점을 족구 경기가 커버해줄 수 있습니다. 서로 다른 종목의 장점을 가지고 와서 단점을 보완했습니다. 이처럼 수업을 기획할 때 두 경기의 보완재를 찾아서 활용할 수 있습니다.

두 번째, 모든 학생이 참여할 수 있도록 약자를 배려했습니다. 체육은 늘 잘하는 학생의 독무대가 될 가능성이 많은 과목입니다. 운동을 잘 못하거나 여자아이들은 자칫 수업에서 배제되기 쉬운데, 아이들이 어려워하는 기술에 다른 종목의 규칙을 가져와 모두가 참여할 수 있도록 만들었습니다. 약자도, 조금 못하는 아이도 누구나 참여할 수 있는 수업이라는 데 의미가 있습니다.

세 번째, 자칫 밋밋해질 수 있는 수업에 활력을 불어넣는 장치를 마련했다는 것입니다. 스포츠에 게임의 요소를 가미했습니다. 오래달리기 경기에 찬스 카드를 쓸 수 있도록 한 것이 대표적입니다.

네 번째, 변칙을 효과적으로 사용했습니다. 정해진 규칙 등을 살짝 바꾸거나 변칙을 만들었더니 더 재미있어졌습니다. 운동장 길이를 줄인다거나, 손족구에서 네트의 높이를 낮춘다거나, 공을 부드러운 공으로 바꾼다거나 하는 변칙을 사용하고, 손족구에서 네 번 리시브를 하면 점수를 더 준다든가 하는 규칙을 만들었더니 아이들의 흥미를 높여 재미있는 수업이 가능해졌습니다.

다섯 번째, 수업기획을 하려면 먼저 과목이나 종목에 대한 선입견을 깨야 한다는 생각을 했습니다. 배구 경기는 반드시 손으로 날아오는 공을 리시브해야 한다는 생각을 버리니 새로운 방법이 보입니다. 그 종목이 가지고 있는 고유의 생각을 버리면 새로운 방법이 생각납니다. 교과목도 마찬가지입니다. 어떤 과목은 반드시 어떠해야 한다는 선입견을 버리면 새로운 것이 보일 수 있습니다.

여섯 번째, 수업에 대한 애정을 가져야 한다는 것입니다. 선생님은 체육 수업에 대한 애정이 많았습니다. 체육 선수 출신이기 때문에 더 그런 듯합니다. 선생님은 다른 많은 교사들이 체육에 관심을 가지길 바라고, 아이들이 체육을 좋아하도록 해야 한다는 생각이 강한 분이었습니다. 체육을 발전시켜야 한다는 사명감을 가지고 있는 듯한 느낌을 받을 정도였는데, 이런 애정의 눈길로 바라보니 수업의 문제점이 발견되고 또 이를 개선하려고 노력하게 되는 것 같습니다.

학급경영을 수업기획의 전진기지로 활용하라

수업을 잘 하려면 교사뿐만 아니라 학생도 준비해야 할 것이 많습니다. 수업 중에는 토의·토론도 해야 하고, 발표도 해야 합니다. 조사 탐구도 해야 하고, 파워포인트도 사용합니다. 학생이 이러한 방법들을 알고 있어야 수업에 활용할 수 있습니다. 그러나 우리나라 교육과정은 가르칠 것은 많고 수업시간은 부족하기 때문에 필요한 것들을 모두 수업시간에 가르칠 수는 없습니다. 수업시간에 파워포인트 사용법을 가르쳐 주고 파워포인트를 만들어 발표하게 해야 하는데 그렇게 할 수 없다는 뜻입니다. 학생이 할 줄 아는 것이 많아야 수업도 잘 되는 법인데 말입니다.

최선이 아니면 차선입니다. 상황이 이러니 학급경영을 수업 준비를 위한 전진기지로 활용하세요. 학습 방법을 가르칠 시간이 없다고 수업시간에 꼭 필요한 토의·토론이나 파워포인트를 사용하지 않을 수는 없습니다. 짬을 내서 조금씩이라도 배우게 해야 합니다. 그러기 위해 학기 초에 수업과 연관된 학급경영 계획을 세울 필요가 있습니다. 2월 말이나 3월 초 교육과정을 세우듯 학급경영 계획도 세워야 합니다. 1년 동안 교사가 사용할 수업방법은 무엇이고, 언제쯤 사용할 것인가를 계획하고, 이것을 학급경영에 녹아들 수 있도록 해야 합니다. 수업에 필요한 여러 가지 기술을 훈련하고 연습하는 시간을 만듭니다.

때에 따라서는 예상치 않은 형태의 수업을 해야 할 때도 있습니다. 따라서 학급경영 계획을 세울 때는 유연성을 가지고 꾸준히 할 것과 일회성으로 할 것 등을 잘 분리할 수 있어야 합니다. 교사의 체계적인 계획은 학생에게 교사의 수업 지향점을 알려줄 수 있고, 학생은 이런 시간을 통해 교사의 수업방법을 인식합니다. 교사와 학생이 꾸준히 호흡을 맞추면서 수업을 준비하는 것입니다.

자기 수업에 맞는 활동을 학급경영에 녹이세요. 협동 학습이나 프로젝트 수업을 한다면 모둠 활동을 많이 할 것입니다. 이때를 대비해 미리 학생의 강점을 조사한다든가, 다중지능 이론을 이용하여 각 학생의 강점을 살려 모둠을 구성해보는 시도도 좋을 것입니다. 모둠원끼리 어떻게 활동할 것인지를 생각해보고 활동 규칙이나 모둠 계약서 같은 것을 작성해보는 것도 좋은 방법입니다. 이러한 활동은 정규 교과 시간에 진행하기 어려운 면이 있습니다. 담임에게 주어진 시간과 그 외 학급경영 시간을 이용해야 합니다. 수업을 위한 준비를 학급경영에 사용하는 것이지요.

그러나 서두르지는 마세요. 이런 기본기들은 한 번에 완성되는 것이

아닙니다. 몇 년을 연습해도 안 되는 게 대부분입니다. 발표 하나만 예를 들어도 그렇습니다. 학생들은 1학년이 되는 순간부터 발표 연습을 하는데 초등학교 6학년이 되어도 똑같습니다. 몇 년을 연습해도 발표 하나 제대로 못하는 것을 보면 알 수 있습니다. 천천히 기다려주세요. 선생님의 학급경영에서 배우고 또 수업시간에도 배우면서 그렇게 조금씩 늘어나는 겁니다. 기본 기술은 완성하는 것이 아니라 발전하는 것입니다. 대부분 하루아침에 형성되는 것이 아니니 평소에 꾸준히 준비해야 합니다. 모두 알다시피 토론·토의, 연극 등은 꾸준히 해야 아이들이 어느 정도 감을 잡을 수 있습니다. 갑자기 몇 번 했다고 실력이 늘어나는 것이 아니지요.

학급경영은 한해 학급을 운영하는 기본이 됩니다. 교실의 질서를 바로 세우고 즐거운 학급 생활을 하는 데 도움을 줍니다. 그러나 무엇보다 수업을 잘 할 수 있는 수업 전초기지로 활용할 필요가 있습니다. 수업시간에 사용할 여러 가지 기법을 정리하고 거기에 맞추어 아이들을 서서히 적응시킬 수 있는 것이 바로 학급경영입니다.

08

상상하라! 자유롭게
: 숙제가 아닌 축제가 되는 비법

출처: 《이데일리》

이 깃발을 기억할 겁니다. 흰 천에 까만 장수풍뎅이 한 마리, 그 밑에 '장수풍뎅이 연구회'라고 쓰인 깃발. 《한겨레신문》의 '김곡의 똑똑'에서 "살다 보면 '앗! 이건 역사야!'라고 직감적으로 느껴지는 위대한 순간이 있다"라고 표현할 만큼 대통령 탄핵 정국에 사람들에게 즐거움과 유쾌함을 주었던 깃발입니다. 사람들은 이 깃발을 보고 조금 엉뚱하지만 참 기발하고 재미있는 발상이라고 생각했습니다. '세상에나, 이젠 장수풍뎅이를 연구하는 곳에서도 반대하는구나!'라는 생각을 불러왔고, 더불어 장수풍뎅이 연구회까지 참여했다면 세상 모든 곤충 연구회와 심지어는 그 곤충까지도 참가했을 것 같은 느낌을 주기에 충분했습니다. 나중에 밝혀졌지만 이들은 장수풍뎅이와는 전혀 상관이 없고 벌레는 만지지도 못한다고 합니다. 그러나 그들의 상상력은 '역사적인' 사건에 '역사적인' 이야기를 만들어냈습니다.

장수풍뎅이 연구회를 보면서 교사의 상상력을 생각해봅니다. 상상력이라고 하면 왠지 교사와는 거리가 있어 보입니다. 학교는 매우 보수적인 곳으로 알려져 있고, 교사 역시 보수적인 성격이 강하다고 여겨집니다. 학교나 교사 모두 자유로운 상상력과는 거리가 있어 보입니다. 실제로도 학교는 매우 경직되어 있고 승진 등을 매개로 관료화되어 있습니다. 사실 교사 역할이 단순한 지식 전달자에 머물러 있다면 관료화도 그다지 나쁘지 않습니다. 빠르고 일사분란하게 전달할 수 있는 가장 효율적인 조직이 바로 관료 조직이니까요.

그러나 이제 수업이 달라지고 있습니다. 교육과정 재구성이나 성취기준의 도입은 수업이 단순한 전달을 넘어 수업에 판을 깔고, 만들어가는 교육과정으로 발전하고 있다는 것을 보여줍니다. 교사는 기존에 없는 역할을 수행해야 합니다. 만드는 수업에서 필요한 것이 바로 교사의 상상력입니다. 수업에 대한 논리적 상상력, 예술적 상상력, 인문학적 상상력 등이 필요한 때입니다. 수업이 자유로운 상상력의 결과물이라면 교사는 자유롭게 상상해야 하고 수업에 유연하게 적용해야 합니다. 그리고 무엇보다 교사가 자유롭게 상상하고 수업할 수 있는 분위기가 허용되어야 합니다.

자유로운 상상력은 수업 영토를 넓힙니다. 교사의 풍부한 상상력은 수업에 활력을 주고 다양한 수업을 이끌어냅니다. 지금처럼 하나하나 따져보는 것에서 다양성이 나올 수는 없습니다. 풍부한 상상력과 자유로운 시도, 그리고 새로운 도전이 있는 수업! 수업을 숙제가 아니라 축제로 만드는 비법입니다.

생기록 톡! Talk?

교사는
쩨쩨해야 한다

4학년 국어 시간에 시를 읽고 생각이나 느낌을 나타내는 단원의 수업을 할 때의 일입니다. 저는 평소 시에 대한 수업을 할 때 동요를 많이 사용하는데, 특히 아이들이 쓴 동시를 노랫말로 하는 동요를 좋아합니다. 1차시에는 시를 읽고 생각이나 느낌을 표현하는 방법을 알고, 시 장면을 자신의 경험 속에서 찾아내 생각이나 느낌을 말합니다. 2−3차시는 자신의 경험과 생각을 살려서 시로 써보는 것으로 연결됩니다.

저는 아이들이 직접 쓴 시를 동요로 만든 것을 소재로 선택했습니다. 시도 들려주고 노래도 부를 수 있어서 좋은 수업소재라고 생각했습니다. 수업시간에 사용한 동요는 『백창우 아저씨네 노래 창고 나무꼭대기 까치네 집』에 실린 동시 두 곡과 김창완의 노래 〈어머니와 고등어〉였습니다.

엄마,

옷 사줘.

입을 게 없단 말야.

너 팔아서 사줄까?

돈 없다.

나에게는 옷이 조금밖에 없다.

나는 어머니한테 옷을 사달라고 조른다.

나는 언니가 입던 옷만 입는다.

우리 어머니가

돈이 없어 안 사주는 것도

나는 안다.

이 노래는 아이들이 시를 쓰고 백창우가 개사하여 노래로 만들었습니다. 4학년 아이들은 이 노래에 그렇게 많은 관심을 보이지는 않았습니다. 그러나 결정적으로 폭발적인 반응을 보인 곡은 〈아버지 월급 콩알만하네〉였습니다. 이 노래는 사북초등학교 6학년 정재옥이 쓴 동시를 백창우가 개사하고 작곡한 곡입니다.

에 — 에 — 아버지 월급 콩알만 하네.

에 — 에 — 아버지 월급 쓸 것도 없네.

히히히히히

맨날 늦게까지 일하는데

어떨 땐 얼굴 보기도 힘드는데

에 — 에 — 아버지 월급 콩알만 하네.
에 — 에 — 아버지 월급 쓸 것도 없네.
히히히히히

그리고 마지막으로 김창완의 노래 〈어머니와 고등어〉입니다.

한밤중에 목이 말라 냉장고를 열어보니
한 귀퉁이에 고등어가
소금에 절여져 있네.
(후략)

모두 현실에서 일어남직한 일이라고 생각하여 이 세 곡을 들려주었
는데 〈아버지 월급 콩알만 하네〉는 아이들의 반응이 좋았으나 〈어머니
와 고등어〉는 시큰둥했습니다. 〈옷 사줘〉도 아이들의 마음을 잘 표현
한 좋은 소재라고 생각했었는데 의외로 큰 반응이 없었습니다. 요즘 아
이들은 제가 어렸을 때와 생활환경이 많이 다르다는 것을 예상하지 못
한 결과입니다. 집에 아이가 많지 않으니 웬만하면 옷을 잘 사주기도 하
고, 또 '너 팔아서 사줄까?'라는 말도 거의 사용하지 않는다네요. 제가 클
때는 이런 말을 정말 많이 들었는데 말입니다. 또 근무하는 학교의 학군
역시 중산층이 거주하는 아파트촌이라 〈옷 사줘〉에서 제가 기대했던 만

큼의 호응을 얻지는 못한 것 같습니다. 결정적인 것은 〈어머니와 고등어〉입니다. 심하게는 가사의 뜻을 이해하지 못하는 아이들도 있었습니다. '엄마가 고등어를 절여 놓고 주무시는데 뭐 어쩌라는 것인가?'라는 반응을 보였습니다. 너무 제 감성으로 수업에 접근했나 싶었습니다.

그런데 반전이 일어났습니다. 6학년에서도 위의 세 곡을 도입해보았더니 〈어머니와 고등어〉에 가장 많은 호응을 보였습니다. 반대로 〈아버지 월급 콩알만 하네〉에 가장 적은 관심을 보였습니다. 또 〈옷 사줘〉에 대한 반응 역시 4학년보다는 훨씬 더 좋았습니다. 사춘기에 접어들기 시작하는 나이라 외모에 신경 쓰느라 옷에 관심이 많고, 또 이런 문제로 엄마와 가끔 싸우기도 하니 공감이 되나 봅니다. 또 부모님이 고생하는 것을 슬슬 알아갈 나이라 〈어머니와 고등어〉 가사를 음미할 수 있었던 것이지요. 공감의 문제라는 생각이 듭니다.

〈뽀로로〉가 어린이 대통령이라는 말만 믿고 1학년 동기유발에 〈뽀로로〉를 사용했다가 아이들의 비난 때문에 수업을 망친 적이 있습니다. 자기들을 유치원생 취급한다고 항의가 거셌습니다. 그런데 6학년 아이들에게 〈뽀로로〉를 들려주면 반응이 확 달라집니다. 이제 6학년이라고 여유롭게 어릴 적(?) 향수에 젖어 노래를 부르고 옛날이야기를 옆 짝과 나누기 바쁩니다.

간혹 선생님은 쩨쩨하다고들 합니다. 그릇이 작다고도 하지요. 그러나 교사는 쩨쩨한 사람이 되어야 합니다. 이런 것까지 살피는데 어떻게 대담한 사람이 되겠습니까? 쩨쩨하다는 것은 세밀하고 정교한 교사에게 주는 훈장 같은 것이라고 생각합니다. 학습목표나 교과의 성격에 맞는 수업을 기획하려면 살피고 생각해야 할 일이 참 많습니다. 그래야 세밀하고 정교한 기획을 할 수 있습니다. 이런 글을 쓰고 있는 것도 사실은 쩨쩨해 보이는 일이기도 합니다.

수업에도
백업이 필요하다

"수업은 기획이다"

원고를 출판사에 보내며 제목을 다시 한 번 읽어봤습니다. 눈물이 왈칵 납니다. 그동안 책을 쓰느라 고생해서도, 책을 너무 잘 써서 감격해서도 아닙니다. 사라질 뻔한 원고를 극적으로 다시 살렸기에 나는 눈물입니다. 원고가 어느 정도 끝을 보일 쯤 서는 동네의 한 카페에서 분수하게 마지막 정리를 하고 있었습니다. 마침 자료를 확인할 게 있어 인터넷 검색을 하고 있는데 뭔가 이상한 느낌이 들어 노트북을 보았습니다. 순간 제 노트북에 있는 파일명이 제 눈앞에서 하나 둘씩 빠르게 이상한 것으로 바뀌었습니다. 어떻게 손 쓸 겨를도 없이 순식간에 일어난 일입니다. 급한 마음에 인터넷 선을 뽑아버렸습니다. 그러자 랜섬웨어의 진행이 멈추었습니다. 그러나 일은 이미 벌어진 후였습니다. 컴퓨터의 파일 대부분이 이미 랜섬웨어에 감염되어 있었습니다. 그런데 기적처럼 딱 하나의 파일만 살아남았습니다. 거짓말처럼 살아남은 파일이 바로 『수업

은 기획이다』, 이 책의 원고입니다.

　ykcol, 제가 걸린 랜섬웨어의 이름입니다. 랜섬웨어는 컴퓨터에 있는 전체 파일을 암호화시키고 거액을 요구하는 컴퓨터 인질범입니다. 다시 보기도 싫은 이 이름을 굳이 여기에 적는 이유는 이것 때문에 얻은 것이 있기 때문입니다. 바로 '백업'입니다. 백업이 중요하다는 이야기는 너무나 많이 들었습니다. 저 자신도 중요하다고 말하곤 했습니다. 그러나 정작 저는 백업을 하지 않았습니다. 모든 파일이 암호화되어 인질로 잡혀 있는 지금 제 머릿속은 온통 백업뿐입니다. 랜섬웨어에 걸린 후 제일 많이 생각한 것이 '내가 왜 백업을 안 했을까?'였습니다. 사실 정답은 너무 간단합니다, 귀찮아서. 귀찮아서 하지 않은 것치고는 손해가 막심합니다. 노트북에 있던 모든 자료가 인질로 잡혔고, 이것을 풀려면 금전적인 손해도 만만치 않을 것 같습니다. 돈을 지불한다고 해서 파일이 100% 복구된다는 보장도 없는 상황입니다.

백업은 미래를 생각하는 일입니다. 혹시 일어날지도 모를 미래를 생각해서 매일매일 귀찮은 일을 하는 것이지요. 저는 현실의 편안함을 선택했기 때문에 미래를 대비하지 않았습니다. 이 일을 겪은 후 조금 더 확장해보니 수업에도 백업이 필요하다는 생각이 들었습니다. 수업에서의 백업은 내 수업을 기록으로 남기는 일입니다. 귀찮아도 매일매일 자신의 수업을 돌아보고, 자신이 사용한 자료를 정리하여 기록으로 남겨두는 것이 미래의 수업을 위하는 길이라는 생각이 들었습니다. 이것이야말로 교사가 늘 생각만 하고 실천하지 않는 일이기도 합니다. 마치 백업처럼 말이지요. 지금 당장 귀찮고 힘들더라도 미래를 생각한다면 당신의 수업을 백업하길 바랍니다.

축적효과라는 말이 있습니다. 『간호학 대사전』을 보면 축적효과란 약물을 반복해서 사용할 경우 약물의 흡수에 비해 배설 또는 해독의 속도가 늦으면 생체 내에 약물이 축적되고, 그 결과 시간이 지날수록 효과가 축적되어 마침내 한 번에 대량을 투여한 것과 같은 강력한 중독성 반응을 일으키는 것을 말한다고 합니다. 매일 반복되는 일상의 수업을 기록하여 남긴다면 굳이 축적효과라는 말을 사용하지 않더라도 그 효과에 대해 짐작하고도 남을 것입니다.

한편으로는 이 책이 여러분과 만날 운명이었구나 싶기도 합니다. 모든 파일이 사라졌는데 오직 '수업은 기획이다' 파일만 남았다는 것은 우연이라 설명하기엔 부족한 느낌입니다. 기적적으로 살아난 만큼 이 책이 독자 여러분과 많이 만났으면 좋겠습니다. 그리고 이 책을 통하여 선생님들이 서로 소통하고, 공감했으면 합니다.

글을 쓰면서 혼자 쓸 수 없다는 것을 깨달을 때마다 도움을 주는 분들이 많았습니다.

어려운 주제에 잘 나갈 것 같지 않은 책을 선뜻 출판해준 행복한 미래 홍종남 대표님, 책과 인연을 맺게 해준 정철희 수석님, 수업을 기꺼이

공유해주신 김상복, 박교순, 이유진, 이환철 선생님을 비롯한 도래울초
등학교 선생님, 신촌초등학교 김효주 선생님, 프로젝트 수업에 대하여
많은 아이디어를 준 『프로젝트 수업, 배움을 디자인하다』의 공동 저자인
이현정, 임해정 선생님, 그리고 마음껏 수업할 수 있도록 아낌없이 지원
해주시는 류재화 교장 선생님께 감사의 말씀을 드립니다. 또 제게는 운
명적인 이 책을 선택하고 읽어주신 독자 여러분께 감사합니다. 수업이
하루아침에 완성되지 않듯 여러 선생님들과 교류하고 고민하며 생각의
크기를 키워 나가겠습니다.

교과서와 교육과정,
최고의 수업을 만드는 행복한 수업 멘토링!

'함께하는 교육, 100년의 약속'을 위한
행복 교육 프로젝트

No.01

학급경영 멘토링

김성효 글 | 홍종남 기획

No.02

기적의 수업 멘토링

김성효 글 | 홍종남 기획

No.03

교육과정 콘서트

이경원 글 | 홍종남 기획

No.04

행복한 진로교육 멘토링

김성효 글 | 홍종남 기획

No.05

프로젝트 수업, 교육과정을 만나다

이성대 외 글 | 홍종남 기획

No.06

혁신학교, 행복한 배움을 꿈꾸다

이성대 글 | 홍종남 기획

No.07

수업도시락, 성찰과 협력을 담다

정민수 글 | 홍종남 기획

No.08

스토리텔링 교육의 모든 것

조정래 글 | 홍종남 기획

No.09

나는 수업하러 학교에 간다

최무연 글 | 홍종남 기획

No.10

수업성숙도, 교사의 강점을 담다

정민수 글 | 홍종남 기획

No.11

프로젝트 수업, 배움을 디자인하다

이현정 외 글 | 홍종남 기획

No.12

행복한 수업을 위한 독서교육 콘서트

김진수 글 | 홍종남 기획

No.13

배움이 없는 학교, 프레임을 바꿔라

이성대 글 | 교육연구소 배움 기획

No.14

수업은 기획이다

최무연 글 | 홍종남 기획

No.15

교사는 아이들과 함께 성장한다

정선아 글 | 홍종남 기획

No.16

교사, 교육전문가로 성장하다

하건예 외 글 | 홍종남 기획